Praxis
des naturwissenschaftlichen
Unterrichts

Protokolle aus den Klassen 1–6

Herausgegeben und eingeleitet
von Elard Klewitz und Horst Mitzkat

Ernst Klett Stuttgart

Die dieser Auswahl zugrunde liegenden Originalausgaben erschienen unter den Titeln
Nuffield Junoir Science
Teacher's Guide 1
Teacher's Guide 2
Apparatus: a Source Book of Information and Ideas

© The Nuffield Foundation 1967
William Collins Sons & Company Ltd.

Aus dem Englischen übersetzt von Helga Pfetsch, Elard Klewitz
und Horst Mitzkat

CIP-Kurztitelaufnahme der Deutschen Bibliothek

Praxis des naturwissenschaftlichen Unterrichts :
Protokolle aus d. Kl. 1–6 / hrsg. u. eingel. von
Elard Klewitz u. Horst Mitzkat.
[Aus d. Engl. übers. von Helga Pfetsch …]. – 1. Aufl. –
Stuttgart : Klett, 1979.
    ISBN 3-12-929390-6

NE: Klewitz, Elard [Hrsg.]

1. Auflage 1979
Über alle Rechte der deutschen Ausgabe verfügt die Firma Ernst Klett, Stuttgart
Fotomechanische Wiedergabe nur mit Genehmigung des Verlages
Printed in Germany
Satz: G. Müller, Heilbronn
Druck: Wilhelm Röck, Weinsberg
Einbandgestaltung: Dieter Zembsch

Inhalt

Einführung in die deutsche Ausgabe

Mit dem englischen *Nuffield Junior Science Project* liegt ein einzigartiges Dokument für *offenen* Unterricht in der Grundschule vor. Das in den Jahren 1967 bis 1970 publizierte Projekt wurde in der Bundesrepublik zwar registriert [1], aber – weil die damals begonnene Reform des Grundschulunterrichts auf eine andere Richtung festgelegt war [2] – in seiner Bedeutung nicht erkannt.

Die von vielen Seiten an dieser Entwicklung geäußerte Kritik [3] führte in den letzten Jahren zu einem ständig zunehmenden Interesse an alternativen Unterrichtsmodellen, die unter Bezeichnungen „offen", „informell" oder „situationsorientiert" in einer Reihe von Grundforderungen, wie sie Jürgen Zimmer jüngst formuliert hat [4], übereinstimmen. Sie werden im folgenden zusammengefaßt wiedergegeben:

– Das Lernen in der Schule sollte sich stets auf aktuelle Lebenssituationen beziehen und dazu beitragen, gegenwärtige und künftig erwartbare Lebenssituationen zu bewältigen. Das ist aber nur möglich, wenn die Wirklichkeit nicht in chemische, mathematische, physikalische, musikalische, sprachkundliche Teilwirklichkeiten zerfällt.

– Das klassische Verhältnis zwischen dem alten (besser wissenden) Unterweisenden und den jüngeren (schlechter wissenden) Lernenden sollte ein Stück weit verwandelt werden in ein mehr ausgeglichenes, balanciertes, kommunikatives Verhältnis. Personen verschiedenen Alters sollten in der Beteiligung am Unterricht zugleich Erfahrungen übermitteln wie auch neue Erkenntnisse für sich selbst gewinnen.

– Lernen und Erfahren sollten, um lebensbezogene Lernprozesse zu fördern, auch dort angesiedelt werden, wo gelebt und gehandelt wird, also nicht nur in der Schule, sondern auch in der Nachbarschaft und der weiteren Umgebung.

– Schüler und Lehrer sollten über Organisation und Inhalt von Lernprozessen mitbestimmen dürfen. Die Schule sollte sich nicht durch verordnete und erstarrte Inhalte gegenüber den je besonderen Interessen lernwilliger Menschen sperren.

– Eltern sollten nicht nur Randfiguren schulpädagogischen Bemühens sein, sie sollten sich an der inhaltlichen Arbeit beteiligen, wann immer sie Gelegenheit dazu finden und ein Interesse daran entwickeln. Außer Eltern und Lehrern sollten gelegentlich auch andere Personen aus der Umgebung der Schule an pädagogischen Vorhaben mitwirken können.

Der Verwirklichung dieser Forderungen stehen nicht nur institutionelle Zwänge entgegen. Die Schwierigkeiten liegen schon in der Tatsache begründet, daß über die Beschaffenheit eines Unterrichts, der diesen Forderungen gerecht werden kann, konkrete Vorstellungen noch weithin fehlen. In dieser Situation bietet es sich an, die umfassenden und ausgereiften Erfahrungen der englischen Primarschule mit informellem Unterricht zu nutzen [5], die uns – am Beispiel der Naturwissenschaften – im *Nuffield Junior Science Project* überzeugend vermittelt werden. Die Unterrichtsprotokolle zeigen anschaulich die vielfältigen Möglichkeiten einer Praxis, die den von Zimmer beschriebenen Leitlinien folgt. Darüber hinaus veranschaulichen sie die Reaktionen und Verhaltensweisen von Kindern in einer weitgehend natürlichen, wenig vorstrukturierten Lernsituation. Sie vermitteln psychologische Einsichten, die auch für den Leser von Gewinn sein dürften, der dem Konzept des offenen Unterrichts skeptisch gegenübersteht.

Die folgenden Ausführungen beschäftigen sich mit der Entstehung des Projekts, beschreiben die einzelnen Bestandteile und nennen die Auswahlkriterien der deutschen Ausgabe.

Das Bestreben, den naturwissenschaftlichen Unterricht in der Grundschule zu verstärken und ihn auf eine wissenschaftliche Basis zu stellen, führte Anfang der sechziger Jahre in Amerika und England zu unterschiedlichen Lösungen. In den USA gewannen neben Sozialwissenschaftlern vor allem Naturwissenschaftler entscheidenden Einfluß auf die Curriculumentwicklung. Die Curricula entstanden in Anlehnung an Prozesse, wie sie vorzugsweise im industriellen Bereich anzutreffen sind: „Neue Produkte werden im Labor entwickelt, getestet, auf den Markt gebracht und von den Nutzern beurteilt und eventuell erworben." [6] Die Lehrer treten hier lediglich als Konsumenten der Ware Curriculum auf, die ihnen den Unterricht bis ins Detail vorgibt. [7] An diesem Vorbild orientierte sich weitgehend die Curriculumentwicklung in der Bundesrepublik.

Dagegen standen Bemühungen um den naturwissenschaftlichen Unterricht in England von Anfang an in der Tradition der Primarschulreform, deren Anfänge bis in die zwanziger Jahre zurückreichen. Die konzeptionellen Entscheidungen fällten Erziehungswissenschaftler und praktizierende Pädagogen, die in vielfältiger Weise von Naturwissenschaftlern unterstützt wurden. Die eigentliche Entwicklungsarbeit lag aber in der Hand von Lehrern, die sich für diese Aufgabe zur Verfügung gestellt hatten. Sie folgten den Prinzipien eines informellen Unterrichts, die die Primarschulreform kennzeichnen, waren aber darüber hinaus in den inhaltlichen und methodischen Entscheidungen an keinerlei Auflagen gebunden.

Dem entsprechen die Ergebnisse der Projektarbeit. Anders als die amerikanischen Curricula schreiben die Projekte den Unterricht nicht vor, sondern sind als Anregungen und Hilfen für den von jedem Lehrer individuell, in eigener Verantwortung zu gestaltenden Unterricht gedacht. Aus den zugrunde liegenden Prinzipien, die weitgehend mit den von Zimmer formulierten Forderungen identisch sind, werden die folgenden drei besonders hervorgehoben [8]:

– Die Kinder nehmen ihre Umwelt ungeteilt und nicht nach Fachkategorien gegliedert wahr.
– Die Grundlage allen Verstehens bilden direkte Erfahrungen.
– Bedeutung für die Kinder haben nur ihre eigenen Fragen und nicht solche, die ihnen von anderen aufgezwungen werden.

Die Prinzipien machen deutlich, daß das Kind mit seinen Bedürfnissen und Interessen im Zentrum des Unterrichts steht, daß der Unterricht auf handelndem Umgang aufbaut und daß zwischen Naturwissenschaften und anderen Aspekten des Lernens keine scharfe Trennungslinie besteht.

Die Entwicklung des Projekts vollzog sich in drei Phasen [9]. Zunächst unternahmen die Mitglieder des Projekts in einigen ausgewählten Schulen den Versuch, soviel wie möglich zu erfahren: über Aufnahme- und Verarbeitungsprozesse der Kinder in weitgehend natürlichen Lernsituationen und über die Probleme der Lehrer bei der Organisation von informellem Unterricht.

Die in Arbeitspapieren niedergelegten Ergebnisse wurden in einer zweiten Phase in zwölf dafür ausgewählten Schulbezirken getestet. Jeder Lehrer, der sich an dem Versuch beteiligte, erhielt für Geräte und Materialien die bescheidene Summe von 40 £.

Verstärkt wurde die Lehrerweiterbildung. Überregionale Kurse sorgten für die Verbreitung der Ergebnisse und Ideen. Das wichtigste Resultat dieser Phase war zweifellos die Einrichtung von sogenannten *Teacher Centres*. Die *Teacher Centres* dienten als Treffpunkt für Lehrer, um Gedanken auszutauschen, Arbeiten auszustellen und Geräte für den naturwissenschaftlichen Unterricht anzufertigen. Daß ihre Einrichtung einem allgemeinen Bedürfnis entgegenkam, läßt sich an der Tatsache ablesen, daß 1970 bereits 250 solcher Zentren existierten. [10] Größe und Ausstattung waren recht unterschiedlich, sie reichten von extra für diesen Zweck hergerichteten Klassenräumen bis zu gut ausgestatteten Gebäuden.

In der letzten Phase wurden die bis dahin vorhandenen Papiere aus der Sicht der in der zweiten Phase gewonnenen Erfahrungen noch einmal überarbeitet und erweitert und bildeten dann die Grundlage des endgültigen Projektberichts.

Die Ergebnisse der Projektarbeit erschienen in einer Reihe von Büchern. [11]

Neben den didaktischen und psychologischen Erkenntnissen, die gleichermaßen für den Wissenschaftler wie für den Lehrer interessant sein dürften, sollen sie Anregungen und Hilfen für die Praxis eines informellen naturwissenschaftlichen Unterrichts geben.

Teacher's Guide 1: Dieser Band enthält die Konzeption des Projekts, die in vier ausführlichen Unterrichtsprotokollen konkretisiert wird. Die folgenden Kapitel wenden sich direkt an den Lehrer, der informell unterrichten möchte. Sie geben Hinweise, wie mit der Arbeit begonnen werden kann, und beschreiben anhand konkreter Beispiele die äußere Organisation eines informellen Unterrichts (Gestaltung des Klassenzimmers, Einbeziehung von Schulräumen und Schulumgebung, Quellen für Hilfsmittel). Schließlich werden auch Möglichkeiten für informelles Arbeiten in der Sekundarstufe aufgezeigt.

Teacher's Guide 2: Dieser Band umfaßt 38 Unterrichtsprotokolle. Sie zeigen, wie die Prinzipien des Nuffield Projekts in die Praxis umgesetzt werden, und zwar mit Kindern unterschiedlichen Alters, mit unterschiedlichen Fähigkeiten und unterschiedlicher sozialer Herkunft. Der Unterricht fand nicht in einer *Labor*situation, sondern in ganz normalen Grundschulen statt, und wurde von Lehrern erteilt, die die Prinzipien des informellen Unterrichts durchaus individuell interpretierten und deren naturwissenschaftliche Kenntnisse deutliche Unterschiede aufwiesen.

Apparatus: A Source Book of Information and Ideas: Daß ein eigener umfangreicher Band ausschließlich den Arbeitsmaterialien gewidmet wurde, macht deutlich, welche Bedeutung der Herstellung von Materialien und deren Gebrauch im Kontext des Projekts zugemessen wird. In *Apparatus* wird das Prinzip „die Grundlage allen Verstehens bilden direkte Erfahrungen" auf Versuchsmaterialien für den naturwissenschaftlichen Unterricht angewendet. Die Kinder lernen dann am besten, wenn sie sich die Geräte soweit wie möglich selbst herstellen und solche Materialien verwenden, die ihnen die unmittelbare Umwelt zur Verfügung stellt. Der Band enthält vorwiegend Fotografien von Schülerarbeiten aus den verschiedensten Bereichen des naturwissenschaftlichen Unterrichts (Elektrizität, Schall, Wetter etc.), die jeweils ausführlich kommentiert werden.

Animals and Plants: A Source Book of Information and Ideas: Die vorher beschriebenen Bücher bilden den eigentlichen Projektbericht, während die folgenden Bände Ergänzungen darstellen. *Animals and Plants* bietet für den biologischen Aspekt des naturwissenschaftlichen Unterrichts zusätzliche Sachinformationen. Es beschreibt besondere Merkmale von Pflanzen und Tieren und gibt Ratschläge für ihre Pflege und Haltung sowie einige Hinweise auf methodische Möglichkeiten.

Dem gleichen Zweck dienen die drei Hefte *Mammals in the Classroom, Autumn into Winter* und *Science and History.*

Junior Science Source Book: Dieser Band erschien 1970, – drei Jahre nach Abschluß der Forschungsarbeiten. In der Zwischenzeit hatte man über die Praxis des naturwissenschaftlichen Unterrichts eine Reihe zusätzlicher Erkenntnisse gewonnen, die wiederum verbreitet werden sollten. Der Hauptgrund für diese Publikation liegt aber wohl darin, daß die bisher erschienenen Bände zwar ein anschauliches Bild von informellem Unterricht aufzeigten, aber in der individuellen Art der Darstellung dem Lehrer zu wenig Hilfen für seine eigene Unterrichtspraxis boten. Dieses Buch ist als Versuch zu werten, diesem Mangel abzuhelfen. Es stellt einen Kompromiß dar zwischen den Unterrichtsprotokollen, die in ihrer Unverbindlichkeit nur wenig Einfluß auf die Unterrichtspraxis nehmen konnten, und durchstrukturierten Unterrichtsplanungen, die den Lehrer in allen seinen Entscheidungen festlegen.

Es wird eine Vielzahl von unterschiedlichen und voneinander unabhängigen Themen behandelt. Im Mittelpunkt stehen jeweils didaktisch-methodische Hinweise sowie Fragen und Anregungen für Untersuchungen. Daneben enthalten die einzelnen Kapitel je eine kurze Sachanalyse, eine Materialliste und Empfehlungen für weiterführende Literatur.

In diesem Band zeichnet sich bereits die Struktur ab, die für das Nachfolgeprojekt des *Nuffield Junior Science Projects* das Projekt *Science 5/13* [12] bestimmend wurde. Beide Projekte gehen von gleichen theoretischen Grundannahmen aus, unterscheiden sich aber hinsichtlich ihrer Funktion. Während *Science 5/13* als unmittelbare Hilfe für den Unterricht entwickelt worden ist, liefert das Nuffield Projekt am Beispiel der Naturwissenschaften eine grundlegende Einführung in die Theorie und Praxis des offenen Unterrichts.

Um das Projekt dem deutschen Leser für einen erschwinglichen Preis anbieten zu können, mußte es im Umfang erheblich reduziert werden. Die Kürzung war um so leichter zu verantworten, als viele Teile speziell auf die Bedürfnisse des englischen Lehrers zugeschnitten sind. So erübrigte sich die Herausgabe jener Bücher und Abschnitte des Projekts, die vorwiegend Sachinformationen vermitteln oder Hinweise auf die Beschaffung von Material enthalten. Das *Junior Science Source Book* ist als unmittelbarer Vorläufer des Projekts *Science 5/13* zu betrachten und hat sich durch dessen Herausgabe überholt. Für die Auswahl kamen demnach nur noch die Bände *Teacher's Guide 1* und *2* und *Apparatus* in Frage.

Die deutsche Ausgabe enthält die Konzeption des Projekts, die Beschreibung der Gestaltung eines Klassenzimmers und eine Reihe von Unterrichtsprotokollen. Aus dem Band *Apparatus* wurde lediglich das Kapitel „Elektrizität" ausgewählt, das als Beispiel für den Umgang mit Materialien dienen kann.

Bei der Auswahl der Protokolle ließen wir uns von folgenden Gesichtspunkten leiten: Die gesamte Altersspanne von der Vorschule bis zum Ende der Grundschulzeit sollte angemessen berücksichtigt werden, und der Unterricht sollte möglichst viele Aspekte des naturwissenschaftlichen Arbeitens aufzeigen. Als ein wichtiges Kriterium für die Auswahl erschien auch die unterschiedliche Offenheit des Unterrichts. Es wurden Protokolle aufgenommen, die einen nur in Ansätzen offenen Unterricht wiedergeben, und solche, die Kinder bei überwiegend selbstbestimmtem Arbeiten zeigen. Protokolle, die den Unterricht allzu knapp darstellen, wurden fortgelassen.

Viele Anzeichen sprechen dafür, daß sich in den letzten Jahren nicht nur das didaktische Denken verändert hat, sondern daß auch Bereitschaft besteht, Konsequenzen für das praktische Handeln zu ziehen. Anlaß für diese Bereitschaft ist die Diskussion über Zensuren, Hausarbeiten, Stoffülle, Förderungsmaßnahmen, Bewegungsarmut der Kinder, Ausstattung der Klassenräume u. v. a., die nicht nur von Pädagogen, sondern auch von Ärzten, Journalisten und Eltern geführt wird, und die letzten Endes auf eine Humanisierung der Schule zielt. Die pädagogische Antwort auf diese Forderung kann aber nur heißen, Unterrichtsformen zu entwickeln, die dem Kinde größere Möglichkeiten zu selbständigem, individuellem, aber auch zu kooperativem Handeln in entspannter Atmosphäre und anregender Lernumgebung bieten, d. h. zu mehr Offenheit des Unterrichts führen.
Da auf eigene Erfahrungen mit derartigen Unterrichtsformen kaum zurückgegriffen werden kann, stellen sich viele Fragen, für die es keine Antwort zu geben scheint: Wie beginne ich diesen Unterricht? Wie halte ich die Arbeit in Gang? Wie setze ich Medien ein? Wie integriere ich die verschiedenen Lernbereiche? Wo liegen die Grenzen der Offenheit meines Unterrichts? usw.
Auf all diese Fragen geht das Nuffield Projekt ein, zeigt aber auch überzeugend, daß es keine allgemein gültigen Antworten geben kann. Jede Unterrichtssituation verlangt individuelle Entscheidungen, die nicht auf der Grundlage von Rezepten getroffen werden können, sondern eine breite Basis an Erfahrungen und Reaktionsmöglichkeiten erfordern.
So unterschiedlich diese Entscheidungen im Nuffield Projekt auch sein mögen, so lassen sie doch eine gemeinsame didaktische Grundüberzeugung erkennen, eben die des offenen Unterrichts.
Wer sich mit dieser Konzeption beschäftigen möchte, ihre Möglichkeiten und Grenzen in der konkreten Unterrichtssituation kennenlernen will, dem sei die Lektüre dieses Buches empfohlen.

Elard Klewitz / Horst Mitzkat

Anmerkungen

1 Walter Jung, Das Nuffield Junior Science Project. In: Die Grundschule, Heft 3/1968
Michael Lucas, Das Nuffield Junior Science Program: In: Roderich Pfeiffer (Hrsg.): Neue Wege der Schulbiologie in englischen Unterrichtsprojekten. Pädagogisches Zentrum Berlin. Berlin 1970

2 Deutscher Bildungsrat – Empfehlungen der Bildungskommission: Strukturplan für das Bildungswesen. Stuttgart 1970

3 Eine Zusammenfassung der kritischen Stimmen siehe: Gertrud Beck, Claus Claussen, Einführung in Probleme des Sachunterrichts. Kronberg/Taunus 1976

4 Jürgen Zimmer, Zur Entstigmatisierung von Schule. In: betrifft erziehung, Heft 2/1978

5 Beck und Claussen argumentieren ähnlich, wenn sie feststellen: ,,Selbst zum gegenwärtigen Zeitpunkt erscheint es notwendiger, die vorhandenen offenen Curricula erneut zu beschreiben und die mit ihrer Einführung in die Unterrichtspraxis verbundenen Probleme zu beleuchten." Beck, Claussen a. a. O., S. 130

6 Deutscher Bildungsrat – Empfehlungen der Bildungskommission: Zur Förderung praxisnaher Curriculum-Entwicklung. S. A 72 f. Stuttgart 1974

7 Eine Ausnahme bildet das amerikanische Projekt ,,Elementary Science Study" (ESS), das ebenfalls den offenen Curricula zuzurechnen ist

8 L. F. Ennever, The ,New Science'. In: F. R. Rogers (ed.), Teaching in the British Primary School. S. 193. New York 1970

9 Ebd. S. 193 ff. E. R. Wastnedge, (ed.) Teacher's Guide 1. S. 10. London 1970³

10 Ennever a. a. O., S. 194

11 Zum Nuffield Junior Science Project sind folgende Bücher und Informationshefte erschienen:
E. R. Wastnedge (ed.), Teacher's Guide 1 und 2. London 1967
F. F. Blackwell, Apparatus: A Source Book of Information and Ideas. London 1967
M. Hardstaff (ed.), Animals and Plants: A Source Book of Information and Ideas. London 1967
J. W. Bainbridge, R. W. Stockdale, E. R. Wastnedge, Junior Science Source Book. London 1970
Teacher's Background Booklets: Mammals in the Classroom, Autumn into Winter, Science and History. London 1967

12 Im Rahmen des Projekts ,Science 5/13' sind 26 Bände erschienen, davon sind folgende in deutscher Sprache vom Ernst Klett Verlag herausgegeben worden:
H. Schwedes (Hrsg.), Zeit. Stuttgart 1975
H. Schwedes (Hrsg.), Lernziele/Erste Erfahrungen. Stuttgart 1976
E. Klewitz/H. Mitzkat (Hrsg.), Wir und unser Körper/Wir entdecken Farben. Stuttgart 1977
H. Schwedes (Hrsg.), Holz und Bäume. Stuttgart 1977
E. Klewitz/H. Mitzkat (Hrsg.), Thema: Umwelt. Stuttgart 1978

Wie Kinder lernen

Die Grundlage des Nuffield Junior Science Projekts bildeten sorgfältige Beobachtungen von Kindern durch ein Forschungsteam, das gemeinsam mit Lehrern in Schulklassen arbeitete. Obwohl es nicht einfach ist, aus der Vielzahl einige grundlegende Verhaltenskonstanten herauszuarbeiten, wird im folgenden versucht, *die* Verhaltensmerkmale zu beschreiben, die der Gruppe als besonders typisch aufgefallen sind.

Die Bedeutung direkter sensorischer Erfahrungen

Daß das Kind die vielfältigsten und umfassendsten praktischen Erfahrungen sammeln sollte, ist unser wichtigstes Prinzip. Es ist unbedingt notwendig, mit Materialien handelnd umzugehen und sie – falls praktikabel – zu riechen, zu schmecken und zu hören. Der Wert solcher unmittelbaren sinnlichen Erfahrungen kann nicht überschätzt werden, und *es gibt keinen Ersatz dafür*.
Je weniger die Erfahrungen auf unmittelbarem Umgang mit Materialien beruhen, desto dürftiger ist die Qualität des Verstehens. Filme, Bücher, Radio, Fernsehen und verbale Erklärungen können diese Erfahrungen zwar erweitern, sie aber nicht ersetzen.
Wir sind der Meinung, daß das Denken des Kindes Ergebnis der umfassenden Erfahrungen ist, die es fortwährend mit Hilfe seiner Sinne macht. Wenn es mit Dingen hantiert, spricht es darüber. Geist und Körper arbeiten zusammen, und obwohl das für alle Altersstufen gilt, ist es doch bei den kleineren Kindern am ausgeprägtesten. Das kann man ganz gut an ihren Selbstgesprächen während des Spielens feststellen.
Sogar Erwachsene haben das Bedürfnis, einen ihnen unbekannten Gegenstand anzufassen. Sie streichen mit den Fingern über eine neue Tapete oder prüfen die Beschaffenheit und das Gewicht von Stoffen. Durch bloßes Hinsehen wissen sie, daß eine polierte Fläche wahrscheinlich glatt ist, aber nur, weil sie in der Vergangenheit viele solcher Oberflächen angefaßt haben. Dennoch sind sie oft darüber erstaunt, was sie beim Anfassen bestimmter Dinge entdecken – z.B., daß sich Styropor warm anfühlt.
Um wieviel größer muß dieses Bedürfnis bei einem Kind sein, das sich durch eine Welt von neuen, unbekannten Dingen bewegt?

Kann man von einem Kind erwarten, sich die Körperwärme und die Fellbeschaffenheit eines Hamsters vorzustellen, wenn es noch nie einen in der Hand halten durfte? Können Kinder, die nie oder kaum Gelegenheit hatten, mit Ton umzugehen, sich seine Eigenschaften vorstellen?

Die meisten Kinder wollen ein neues Problem mit allen dafür in Frage kommenden Sinnen aktiv angehen, – sogar mit dem Geschmackssinn, wenn das möglich ist.

Umfang und Art der Erfahrungen

Lehrer müssen sich darüber im klaren sein, daß jedes Kind seine besonderen, individuellen Bedürfnisse hat. Einige Kinder kommen aus Elternhäusern, die ihnen reiche Erfahrungen ermöglichen, andere nicht. Ihnen allen dieselben Erfahrungen zu vermitteln, wird in manchen Fällen überflüssig sein, in anderen nicht genügen.

In einigen Fällen muß die Schule den begrenzten Erfahrungsbereich des Elternhauses ausgleichen. In zwei Schulen, eine lag im Einzugsbereich einer neuen Siedlung, die andere in einer Gemeinde mit hohem Ausländeranteil, stellten die Lehrer fest, daß sie sogar Gelegenheit für so grundlegende Erfahrungen wie den Umgang mit Wasser und Sand und alltäglichen Haushaltsgegenständen über eine außergewöhnlich lange Zeit hin anbieten mußten. Die Kinder wurden in der folgenden Zeit so lebhaft und so wissensdurstig, daß allmählich immer mehr Eltern in die Schule kamen, um zu erfahren, was ihre Kinder so begeisterte.

Einmal brachte ein Mitarbeiter der Arbeitsgruppe einen Blumenstrauß in eine Schule mit, die sich in einer großen Hafenstadt befand. Von einem besorgten Kind wurde er ganz erschreckt mit den Worten begrüßt: „Wer ist denn gestorben?" Es ist offensichtlich, wie begrenzt die Erfahrungen des Kindes mit Blumensträußen waren.

Wir sind der Überzeugung, daß der richtige Weg, die unterschiedlichen Bedürfnisse der Kinder zu erfüllen, darin besteht, ihnen umfassende Erfahrungen zu ermöglichen und sie dann zu ermutigen, frei ihren Interessen und Neigungen nachzugehen.

Man sollte bedenken, daß Kinder eine Reihe ähnlicher oder miteinander im Zusammenhang stehender Erfahrungen machen müssen, wenn sie eine Sache ganz verstehen und verallgemeinern sollen. Andernfalls trifft man vielleicht auf Kinder wie Peter, der einen Magneten für „ein Stück Eisen hält, das in der Mitte rot ist und an einem Ende ein ‚N' hat." Er verallgemeinerte dabei aus seinem zu begrenzten Erfahrungsssschatz.

Eine Klasse von Sechsjährigen hatte einem Besucher von einer Standuhr erzählt, die sie in einem Geschäft in der Stadt gesehen hatte. Daraufhin fertigte der Besucher ein Pendel aus einem metallenen Dichtungsring und einem Faden an. Bei einem späteren Besuch stellte er fest, daß mehrere Kinder glaubten, ein Pendel müsse immer aus einem Dichtungsring und einem Faden bestehen. Hätte er daran gedacht, ihnen auch anderes Material anzubieten – Schnur, ein Lineal mit einem Loch an einem Ende, Holzlatten, Knöpfe und Kieselsteine, – hätte er diesen grundlegenden Fehler vermeiden können.

Begriffsbildung

Wir wissen verhältnismäßig wenig über die Bildung von Begriffen. Doch soviel wissen wir: Kinder bilden Begriffe aufgrund praktischer Erfahrungen. Die Dauer dieses Prozesses und der Umfang der dazu benötigten Erfahrungen werden von Kind zu Kind verschieden sein. Man kann nicht vorhersagen, wie lange dieser Prozeß dauert, aber er wird mit Sicherheit mehr Zeit beanspruchen, als sich die meisten Menschen vorstellen können. *Es ist nicht möglich, die Begriffsbildung zu beschleunigen, aber die Schule kann sie durch geeignetes Lernmaterial und entsprechende Lernsituationen erleichtern.*
Wir sollten auch nicht vergessen, daß das Bedürfnis nach konkreten Erfahrungen, das bei der Geburt anfängt, sicher nicht mit der Vorschule aufhört, obwohl es bei kleineren Kindern besonders ausgeprägt ist. Es setzt sich durch das ganze Schulalter bis ins Erwachsenenleben hinein fort.

Philip wollte wissen, wie schwer ein Blatt Papier ist. Um das herauszufinden, benutzte er eine Briefwaage. Er war überrascht, daß der Zeiger nicht ausschlug. Nach einigem Nachdenken faltete er das Papier mehrere Male zu einem dicken Päckchen zusammen und legte es abermals auf die Waage. Wieder war er erstaunt, daß kein Gewicht registriert wurde. Nach weiteren Überlegungen äußerte er, er wolle einen schweren Holzklotz wiegen, dann das Papier dazulegen und den Unterschied zwischen den beiden Gewichten feststellen. Schließlich besprach er das Problem mit einem Klassenkameraden. Sie verlangten einen ganzen Stoß, um die Blätter wiegen, auszählen und dann das Gewicht eines einzelnen ausrechnen zu können.

Philip war nicht unintelligent. Ihm fehlte einfach die richtige Erfahrung im Wiegen, deshalb war er unfähig, die Grenzen der von ihm benutzten Geräte richtig einzuschätzen.

Unterschiedliche Bedürfnisse

Obwohl es die unterschiedlichsten Meinungen über die Begriffsbildung gibt, wissen wir doch, daß dieser Prozeß sehr früh beginnt und daß sich zumindest die grundlegenden Begriffe nur sehr langsam entwickeln. Sie können bei sehr kleinen Kindern und bei einigen lernschwachen, älteren Kindern vollständig fehlen. Andererseits gibt es auch Ausnahmen. *Wir sollten das einzelne Kind so sehen, wie es ist, und nicht so, wie wir es gerne hätten oder wie wir glauben, daß es in einem bestimmten Alter sein sollte.* Wir dürfen nicht nach Lebensjahren rechnen, sondern müssen uns sein jeweiliges Entwicklungsstadium vor Augen halten.

Paul (5,3) legte verschiedene Gegenstände ins Wasser, um zu sehen, ob sie schwimmen würden. Er sagte, eine Glasflasche sei gesunken. Als er gefragt wurde, ob er glaube, daß alle Glasflaschen sinken, sagte er „ja". Als eine sehr große Flasche schwamm, meinte er dazu, das käme daher, daß sie glänze. Als ein glänzender Triangel aus Metall sank, erklärte er, dieser sei eben aus Metall. Der Deckel einer Büchse schwamm, „weil er rund ist". Und so ging das Spiel weiter, wobei Paul Erklärungen anbot, nur weil er wußte, daß sie von ihm erwartet wurden. Sein Mangel an Verständnis wurde dann wirklich deutlich, als man ihm die Aufgabe stellte, Gegenstände nach solchen, die schwimmen und nach solchen, die sinken, zu klassifizieren. Er konnte es nicht, auch nicht nach wiederholten Versuchen. Paul war in seiner Entwicklung noch nicht so weit, um den Begriff des Schwimmens und Sinkens zu verstehen. Das bedeutet jedoch nicht, daß man ihn diese Erfahrung nicht hätte machen lassen sollen.

Erst aus derartigen Reaktionen können wir schließen, welche Entwicklungsstufe ein Kind erreicht hat, und *das Kind selbst kann nur durch solche Erfahrungen zu einem echten Verständnis vordringen.*

Der fast siebenjährige Richard zeigte dagegen ein bemerkenswertes Verständnis für Volumen. Er fand heraus, daß drei Plastikbehälter mit verschiedenen Grundflächen dieselben Rauminhalte besaßen. Das hatte er festgestellt, indem er einen mit Wasser füllte und es dann in die anderen umgoß. Als er gefragt wurde, ob es möglich sei, einen noch schmaleren Behälter zu finden, der die gleiche Wassermenge aufnehmen könnte, sagte er: „Sicherlich, aber er müßte viel höher sein."
Ein paar Tage später untersuchten Richards Klassenkameraden zwei Flaschen verschiedener Größe und ähnlicher Form. Sie meinten, daß die größere – da sie etwa zweieinhalbmal so hoch wie die andere sei – auch etwa zweieinhalbmal soviel Wasser fassen müßte. Richard war ganz anderer Meinung, und um seine Behauptung zu beweisen, füllte er die große Flasche mit Hilfe der kleinen und zeigte, daß sie dreizehnmal soviel faßte.
Seine Klassenkameraden beeindruckte das nicht, doch sein Lehrer fragte ihn, warum das so sei. Richard erklärte es ihm. Erst nahm er einen Würfel mit der Kantenlänge von einem inch und zeigte, daß man, um einen doppelt so großen Würfel zu bauen, acht von den Ein-inch-Würfeln brauchte. Er sagte dann weiter, wenn alle

Würfel hohl wären, würde der große Würfel etwa siebeneinhalbmal soviel Wasser fassen wie der kleine – „nicht achtmal, denn es wäre ja immer noch ein wenig Holz außen herum".

Das ist für einen Siebenjährigen eine bemerkenswerte Denkleistung und sollte als Warnung dienen, das Lebensalter in eine zu enge Verbindung mit dem Stadium der kognitiven Entwicklung zu bringen.
Andererseits müssen wir uns davor hüten, zu viel in solche Beobachtungen hineinzulegen. Vor allem dürfen wir nicht annehmen, daß das Kind in allen Bereichen die gleichen Erfahrungen gemacht hat.

Als die Kinder in Richards Gruppe beschlossen, Wasser in Flaschen zu füllen, um eine Tonleiter darauf zu spielen, fragte Richard: „Was ist eine Tonleiter?" Auf diesem Gebiet wußte er nicht Bescheid.

Verbalisierungsfähigkeit und Verständnis

Hier gibt es für den unbedachten Lehrer eine Menge Fallgruben, z. B. die, daß der Wortschatz eines Kindes hinter seinen Erfahrungen zurückbleibt. Es sucht nach Wörtern, um seine konkreten Erfahrungen zu beschreiben. Kind und Lehrer können sich hier leicht mißverstehen.

Christopher, fünf Jahre alt, füllte Wasser aus einem Krug in eine Milchflasche um. Als er die Flasche schon bis zum Rand gefüllt hatte, war der Krug noch halb voll. Er meinte jedoch, die Flasche fasse mehr als der Krug. Es stellte sich dann heraus, daß Christopher unter „faßt mehr" „ist voller" verstand. Er wußte, welches Gefäß das größere Volumen besaß, konnte das aber wegen seines begrenzten Wortschatzes nicht korrekt wiedergeben.

Die Erweiterung des Wortschatzes geht Hand in Hand mit den konkreten Erfahrungen. Ein Wort ist so lange nur ein Klang, bis das Kind damit eine Bedeutung , die es aus eigener Erfahrung gewonnen hat, verbinden kann. In dem Maße, wie die Erfahrungen zunehmen, entsteht das Bedürfnis nach zusätzlichen Wörtern mit neuen oder feineren Bedeutungsnuancen. Es ist leicht, die Bedeutung eines Wortes mit anderen, ähnlich schwer verständlichen Wörtern zu erklären. Das endet meist in reinem Verbalismus ohne echtes Verständnis, und jeder weitere Erklärungsversuch führt nur tiefer in den Nebel des „Halbverständnisses" hinein.

Eine Gruppe von intelligenten Zehnjährigen glaubte, ein Blatt Papier wiege weniger, wenn es zusammengefaltet sei. Sie hatten gelesen, daß 15 Pound Luft auf jeden Quadratinch drücke und daß bei halbierter Fläche das Luftgewicht halbiert werde. Eine andere Gruppe in derselben Klasse argumentierte, daß sich zwischen den Falten Luft befinde und infolgedessen das gefaltete Papier mehr wiege. Diesen Kindern fehlte die konkrete Erfahrung mit Luftdruck. Sie erklärten das, was sie gelesen hatten, aus früheren Erfahrungen mit Wiegen und Gewicht. Obwohl sie gewandt mit Worten und Sätzen umzugehen wußten, die sie sich aus Büchern angelesen hatten, zeigte sich, wie oberflächlich ihr Verständnis war, als sie einem praktischen Problem begegneten.

Natürliches Lernen

Für das Kind bietet die Umgebung viel Interessantes. Kleine Kinder verbringen einen großen Teil ihrer Zeit mit Beobachten. Durch Erfahrung lernen ist nicht eine Sache passiven Aufnehmens. Es ist ein aktiver Prozeß, den Piaget „als natürliches Lernen" bezeichnet. Das Kind sucht fortwährend zu verstehen, was es interessant findet. Das Verstandene wird dann Teil einer schon bestehenden Wissensstruktur.

Um zu diesem Verständnis zu gelangen, setzen sich die Kinder aktiv mit ihrer Umgebung auseinander und erfahren dabei, in welcher Weise die Dinge reagieren. Indem sie Erde und Sand aufheben und durch die Finger rieseln lassen, entdecken sie die krumige Beschaffenheit von Gartenerde oder die besondere Eigenart von Sand. Durch Darüberstreichen erkennen sie die Weichheit von Samt. Sie lernen die Bewegungen eines Hasen zu verstehen, indem sie ihre Füße fest gegen den Boden stemmen und in die Luft springen. Wenn wir das natürliche Lernen fördern wollen, müssen wir die Kinder dazu anhalten, mehr zu tun, als nur hinzuschauen. Begreifen heißt, alles nur Denkbare in einer gegebenen Situation zu tun und das Ergebnis mit den entsprechenden Sinnen zu erfassen.

Verspätetes Reagieren auf Erfahrungseindrücke

Auch wenn eine Erfahrung ein Kind stark beschäftigt, reagiert es darauf nicht immer unmittelbar und sichtbar. Zwar stellt es manchmal eine komplizierte Frage und müht sich dann um eine Antwort, aber oft scheint es nach außen hin, als ob seine intensive Beschäftigung keine weitere Wirkung gehabt hätte.

Die sechsjährige Christine beobachtete minutenlang einen Goldfisch in einem Glas. Ihre Lehrerin stand daneben und wartete auf die Frage, die bestimmt kommen würde. Christine aber entfernte sich und nahm eine Näharbeit wieder auf, mit der sie sich vorher beschäftigt hatte. Eine beiläufige Frage über die Bewegungsart des Fisches ergab lediglich die Antwort: „Ich glaube, er benutzt seine Flügel." Die Lehrerin ließ die Sache auf sich beruhen. Sicher wäre es sinnlos gewesen, die Unterhaltung zu diesem Zeitpunkt fortzuführen oder auch nur den Wortgebrauch des Kindes zu berichtigen. Mit ziemlicher Sicherheit würde das Mädchen irgendwann einmal zu diesem oder einem anderen Goldfisch zurückkehren. Dann könnte die ursprüngliche Erfahrung zum Verständnis beitragen. Offensichtlich braucht ein Kind zunächst Zeit, um eine Erfahrung in seine Wissensstruktur zu assimilieren, bevor sie Grundlage weiteren Lernens werden kann.

Lernen durch praktisches Lösen von Problemen

Die Beobachtungen des Projektteams lassen darauf schließen, daß Kinder durch praktisches Lösen von Problemen lernen. Dadurch werden die Feststellungen vieler Pädagogen aus der Vergangenheit, besonders aber die Aussagen von Piaget und seinen Mitarbeitern, bestätigt. Diese sind sogar der Auffassung, *daß das praktische Problemlösen der Kinder im Grunde eine wissenschaftliche Arbeitsmethode sei, so daß die Aufgabe der Schule nicht darin bestehen sollte, Kindern die Naturwissenschaften zu vermitteln, sondern vielmehr den eigenen Weg der Kinder, naturwissenschaftlich zu arbeiten, als entscheidendes Bildungsinstrument zu nutzen.*

Spontanes Interesse für Details

Kinder können sich für Dinge in ihrer Umwelt so stark interessieren, daß sie davon ganz gefangen genommen werden. Kinder, die Fische in einem Aquarium beobachten, widmen ihre Aufmerksamkeit so vollständig den Fischen, daß sie oft andere Dinge, die sich unmittelbar um sie herum abspielen, überhaupt nicht wahrnehmen. Ihnen diese Aktivität zu entziehen, würde wahrscheinlich die intensivste Art zu lernen unterbinden, ohne etwas ähnlich Wirkungsvolles an ihre Stelle setzen zu können.

Tessa, neun Jahre alt, führte mit ihren Klassenkameraden Untersuchungen in einem Park durch. Die Lehrerin hatte sie weggeschickt, um etwas zu holen und bemerkte, wie sie auf dem Rückweg anhielt und unverwandt einen Baumstamm betrachtete. Als Tessa endlich ankam, entschuldigte sie sich für die Verspätung und sagte: „Ich habe gesehen, wie eine Spinne Eier legte." Während der kurzen Zeit, die Tessa dort stand und etwas beobachtete, was wenige Erwachsene je gesehen haben, war zweifellos jeder Gedanke an den Auftrag, den sie für ihre Lehrerin ausführen sollte, aus ihrem Gedächtnis verschwunden. Es existierte absolut nichts mehr als eine eierlegende Spinne.

Dieses Beispiel zeigt nicht nur, wie stark sich ein Kind auf eine Sache konzentrieren kann, wenn es sich für etwas interessiert, sondern legt auch nahe, daß das Kind nach nur kurzer Beobachtung sehr deutlich Einzelheiten wahrnimmt und dann möglicherweise noch wißbegieriger als zuvor wird.

Beobachtungen, die über das Experiment zum Entdecken führen

In allen Altersstufen stellen Schüler Fragen, und obwohl in der Kindheit das meiste Lernen durch Beobachten und Explorieren zustande kommt, gibt es doch einige Fragen, die nur durch Experimentieren beantwortet werden können.

Die zehnjährige Jane war erstaunt, daß sich ein Würfel aus Styropor warm anfühlte. Sie vermutete eine Art Wärmegenerator darin und glaubte, daß er sich erschöpfen müsse, wenn er seine Wärme schnell abgebe. Sie nahm den Würfel mit nach Hause und legte ihn über Nacht in die Tiefkühltruhe. Am nächsten Morgen fühlte sich der Würfel immer noch warm an, und sie verwarf ihre Hypothese. Sie meinte nun, daß das Styropor Wärme aus der Luft absorbiere. Dies prüfte sie, indem sie ein Thermometer in den Würfel steckte. Sie wollte feststellen, ob zwischen ihm und der Luft ein Temperaturunterschied bestand. Schließlich schrieb sie an eine Fabrik, die Styropor herstellte, und bat um eine Erklärung.

Experimentieren ist eine natürliche Erscheinungsform kindlichen Verhaltens. Wenn der Lehrer Kinder dazu anregt, einige Wochen in dieser Weise zu arbeiten, können selbst recht kleine Kinder gelegentlich eigene Experimente ausdenken und durchführen. Ein Beispiel dafür fanden wir in einer Klasse von Fünfjährigen.

Die Kinder erhielten ein Mäusepärchen, mit dem sie sich frei beschäftigen durften. Die Lehrerin griff nicht ein, da sie an den natürlichen Reaktionen interessiert war. Nach zwei Wochen fragte ein Junge einen anderen, ob er gesehen habe, wie die Mäuse beim Laufen ihre Füße setzten. „Sie setzen sie wie wir, sie galoppieren nicht wie Pferde."
„Wenn sie schnell genug laufen, galoppieren sie vielleicht", sagte der andere. Die Kinder schoben dann einige Tische zusammen und versuchten, eine Maus dazu zu bringen, schnell zu laufen, um zu sehen, ob sie galoppieren würde.

Es gibt sogar einige Beispiele von jüngeren Kindern, die sich Kontrollexperimente ausdachten, obwohl dies ziemlich ungewöhnlich zu sein scheint. Kontrollexperimente werden von Lehrern bewußt eingeführt, so daß es schwer ist, festzustellen, wie früh Kinder deren Notwendigkeit einsehen.

Eine Klasse von Achtjährigen hatte Würmer ausgegraben und untersucht. Zwei Kinder betrachteten einen durchsichtigen Plastikbehälter, in den sie einen Wurm und etwas Erde getan und dessen Deckel sie geschlossen hatten. Ein Mädchen wollte wissen, warum die Schachtel von innen beschlagen sei; sie glaubte, der Wurm hätte es verursacht. Die Lehrerin fragte, wie sie herausfinden könne, ob ihre Vermutung richtig sei. Darauf sagte das andere Mädchen: „Ich glaube, wir brauchen zwei Behälter. Dann müssen wir den Wurm in einen legen und Erde in den anderen und dann sehen, welcher beschlägt." (Sie war auch dann nicht zufrieden, als sie sah, daß der Behälter mit dem Wurm beschlug und bestand darauf abzuwarten, ob das bei dem anderen Behälter auch eintreten würde).

Das Mädchen hatte die Notwendigkeit für ein Kontrollexperiment erkannt. Wir wissen natürlich nicht, ob ihr irgendwann vorher die Lehrerin geholfen hatte, Experimente dieser Art zu entwerfen. Wenn nicht, so wäre dies der erste Schritt zu einem differenzierteren experimentellen Vorgehen gewesen.

Das Kind als Wissenschaftler

Das Vorschulkind verbringt den größten Teil seiner Zeit mit Explorieren. Es drückt seinen Finger in einen Tonklumpen oder mischt Farben, um zu sehen, welche Farbtöne entstehen. Sein Handeln wird von dem Wunsch bestimmt, mehr über die Dinge zu erfahren, wie sie sind und was sie vermögen. Gelegentlich kann es auch vorkommen, daß das Kind ein Experiment entwirft, aber das ist nicht die Regel. Dieses frühe Explorieren ist von unschätzbarem Wert, denn auf diese Weise erwirbt es immer mehr Kenntnisse über die Welt. Wenn das Kind den Finger in viele Tonklumpen gedrückt hat, merkt es, daß Ton formbar ist, und es wird in ähnlicher Weise Eigenschaften von zahlreichen anderen Stoffen erkennen und generalisieren. Natürlich ist die Methode des Wissenschaftlers nicht so einfach. Wenn er nicht über vollständige Beobachtungsdaten verfügt, muß er mit Generalisierungen vorsichtig sein. Bevor der Naturwissenschaftler von seinen für richtig befundenen Ergebnissen auf eine allgemein gültige Regel schließt, wird er seine Ergebnisse zunächst bewußt unter Bedingungen testen, die dazu angetan sind, Fehler aufzudecken. Und selbst wenn jeder dieser Versuche die angenommene Regel bestätigt, formuliert er sie gewöhnlich vorsichtig, da möglicherweise später neue Grenzen offenbar werden.

Eine reife wissenschaftliche Haltung kann sich nur Schritt für Schritt entwickeln. Wenn ein Kind irgendeine Idee, die ihm in den Sinn kommt, durch Beobachtung, Experiment und Tests prüft, bevor es sie endgültig akzeptiert, befindet es sich an der Schwelle echter Wissenschaft. Über Versuch und Irrtum wird es dann lernen, zur richtigen Verwendung von wissenschaftlichen Methoden zu kommen.

Auch Kinder von vier und fünf Jahren machen sich Gedanken über ihre Generalisierungen, denn schließlich handeln sie ja ständig auf deren Grundlage. Wenn sie zu der Annahme gekommen sind, daß bestimmte Dinge immer eine bestimmte Eigenschaft haben oder sich in einer besonderen Weise verhalten, und ihnen plötzlich ein Gegenstand begegnet, der sich anders verhält, fragen sie „Warum?" In Wirklichkeit heißt das: „Was ist denn jetzt falsch gelaufen?" Das Kind möchte die Abweichung mit seiner Regel in Einklang bringen; meist wird es so sein, daß es seine Regel erweitert, modifiziert oder sogar aufgibt.

In den ersten Lebensjahren, in denen sein Erfahrungsbereich noch gering ist, wird ein Kind nur wenige Situationen antreffen, die ihm ungewöhnlich vorkommen, denn viele von ihnen erscheinen ihm als zu neu, als daß es eine Vorstellung des Üblichen entwickeln könnte. Es geschehen schließlich so viele erstaunliche Dinge – ein Licht geht an, wenn jemand einen Schalter drückt, eine Stimme klingt aus einem Telefonhörer oder Radio –, daß es unsinnig wäre, von einem Kind zu erwarten, eine Sache zu hinterfragen, die den Erwachsenen in Erstaunen versetzt. Im allgemeinen wird das Kind fragen „Wie?" oder „Wie kommt das?", und genau das meint es wahrscheinlich auch, wenn es „Warum?" fragt.

Eine Klasse von Fünfjährigen hatte an den Mäusen, die sie in ihrem Klassenzimmer hielt, großen Spaß; es kam aber zu keinen Experimenten. Die Kinder freuten sich über das Verhalten der Mäuse und machten Bemerkungen darüber, fragten aber nicht. Schüler einer Klasse derselben Schule, nur ein Jahr älter, stellten dagegen viele Fragen über ihr Kaninchen und entwarfen selbst Experimente, um Antworten darauf zu finden. Warum hatte es große Ohren? Ein Mädchen zog seinen Schäferhund, der seine Ohren aufstellte, wenn er lauschte, zum Vergleich heran; die Kinder hielten die Hände hinter die Ohren, um festzustellen, ob dadurch das Hörvermögen vergrößert würde. Wieviel würde das Kaninchen fressen? Sie wogen alle 24 Stunden die Nahrung, die sie in den Käfig legten.

Wenn das Kind älter wird und sich sein Erfahrungshorizont erweitert, fragt es naturgemäß mehr, und es hängt vom Verhalten des Lehrers ab, ob es auch selbst Antworten findet.

Als eine Klasse von zehnjährigen Stadtkindern einen Wald erkundete, fand ein Schüler ein schwarzes Plastikstück im Gras. Er drehte es mit dem Fuß um. „Sieh mal, das Gras ist ganz gelb". „Ja, weil es feucht ist", erwiderte sein Freund.

21

„Nein, weil es dunkel ist".
Daraufhin überlegten sie sich ein Experiment, bei dem sie Gras unter verschiedenen Bedingungen wachsen lassen wollten, um zu entscheiden, wer von ihnen recht habe.

Die Untersuchungsmethoden, die das Kind verwendet, um seine natürliche Neugier über die Umwelt zu befriedigen, sind im Kern wissenschaftlich. Es ist offensichtlich zu wißbegierig, um längere Zeit bei einer Sache zu bleiben. Es wendet sich schnell von einem Problem zu einem anderen, das augenscheinlich nichts damit zu tun hat. Dabei sammelt es in kurzer Zeit eine große Menge von Daten, ohne die es unmöglich grundlegende Prinzipien der Naturwissenschaften verstehen könnte. Umfassende naturwissenschaftliche Konzepte, wie z. B. die Energieerhaltung oder die Veränderung durch Evolution, können erst erworben werden, nachdem ein breites Wissen vorhanden und so viel Beobachtungsmaterial wie nur möglich gesammelt und untersucht worden ist. Das trifft für alle Altersstufen, nicht nur für kleine Kinder, zu. Von einem jüngeren Kind zu erwarten, wissenschaftliche Begriffe richtig einzuschätzen, bevor es die Möglichkeit hatte, Erfahrungen zu sammeln, zu bewerten und einzuordnen, wäre genau so töricht, wie zu glauben, Linné habe sein Klassifizierungssystem entworfen, ohne zunächst tausende von Organismen untersucht zu haben.

Fragen

Man kann jüngere Kinder für viele Dinge interessieren, und Fragen, die der Lehrer stellt, übernehmen sie oft als eigene. Sie geben aber deutlich zu erkennen, wenn ihr Interesse oder ihre Geduld erschöpft ist.

„Wozu dienen wohl die großen Zähne da vorn?", fragte die Lehrerin.
„Oh, da oben ist ein Flugzeug!" John setzte der Lehrerin seine Maus auf den Schoß, machte auf dem Absatz kehrt und entfernte sich.

Wenn jüngere Kinder auf eine Frage stoßen, die sie nicht wirklich interessiert, ist dieses Verhalten nicht ungewöhnlich. Sie gehen fort, wechseln das Thema oder fangen mit einer neuen Arbeit an. Doch wenn sie ein Problem wirklich anspricht, geben sie sich, wie das Verhalten eines Siebenjährigen beweist, sehr viel Mühe. Seine Klasse hatte einige Küken geschenkt bekommen. Er fand, sie seien nicht viel anders als die Vögel, die draußen Futter pickten, und überlegte, wie viele wohl in einer Stunde das Futterbrett anflogen.
„Ich will jeden Tag", kündigte er an, „eine Stunde lang die Vögel, die zum

Futterplatz kommen, zählen". Er notierte zwei Wochen lang auf einem Stück Papier die Anzahl der Spatzen, Stare und Meisen.

Wenn die Kinder älter werden, erreichen sie einen geistigen Entwicklungsstand, der es ihnen nicht erlaubt, Fragen des Lehrers so pauschal vom Tisch zu fegen wie früher; sie bemühen sich, auch bei geringerem Interesse, um eine Antwort. Sie zeigen mehr Bereitschaft, die Fragen anderer Erwachsener – besonders aber anderer Kinder – aufzugreifen.

Kinder stellen viele Fragen, besonders wenn der Lehrer sie dazu ermutigt, aber sie verfolgen sie nicht alle mit gleicher Intensität und lassen viele wieder fallen, ohne sie wirklich zu beantworten. Viele Fragen erwecken offensichtlich nur ein flüchtiges Interesse und verlangen lediglich eine kurze, beiläufige Antwort. Aber es gibt auch Augenblicke, in denen eine Situation ein Kind fesselt. Es schaut, horcht, arbeitet still und intensiv, und in vielen Fällen stellt es eine Frage, die nicht unbedingt so formuliert zu sein braucht, sondern auch die Form einer Behauptung oder Meinung haben kann.

Mit Sicherheit läßt sich sagen, daß für Kinder ihre eigenen Fragen wichtiger sind als Fragen, die Erwachsene ihnen stellen. Wenn sie ihren eigenen Fragen nachgehen dürfen, sind sie viel begeisterter und einsatzbereiter. Ihre eigenen Fragen sind für sie am bedeutsamsten und führen am häufigsten zu sorgfältigen Untersuchungen.

Der zehnjährige Philip hatte vor, einen großen Styroporball mit ins Schwimmbad zu nehmen. Dort wollte er ihn aus verschiedenen Tiefen hochsteigen lassen. Sein Freund sollte messen, wie hoch er aus dem Wasser fliegen würde. Geoffrey, auch zehn, hörte sich den Vorschlag an und sagte dann: „Das wird nicht gehen. Er fliegt nicht aus dem Wasser, er kommt nur an die Wasseroberfläche und bleibt da." Er hatte dasselbe mit einem Styroporquader in seinem Schwimmverein probiert.

Wir erfuhren dann, daß Geoffrey versucht hatte, seinen Schwimmblock auf verschiedene Art und Weise – mit der Kante bzw. der Breitseite nach oben – vom Grund hochsteigen zu lassen, und daß er durch Zählen die Aufstiegsdauer gemessen hatte. Er konnte seine Ergebnisse sogar mit dem Begriff ‚Wasserwiderstand' erklären. Aber wenn Philip nicht über seine Idee gesprochen und die Lehrerin nicht Styroporbälle für die Materialsammlung im Klassenzimmer mitgebracht hätte, hätten wir höchstwahrscheinlich nie erfahren, daß Geoffrey mit dem Begriff ‚Widerstand' schon konkrete Vorstellungen verband.

Wir wissen nie genau, welches Vorverständnis die Kinder besitzen. Und es ist für den Lehrer fast unmöglich vorherzusehen, welches „Verständniselement" dem Kinde fehlt. Sicher wird es bei jedem anders sein. Nur das einzelne Kind kann genau die Frage stellen, die für es selbst am wichtigsten ist. *Deshalb sollten die Kinder unbedingt ihren eigenen Fragen nachgehen dürfen. Jedes Kind braucht andere Erfahrungen.*

Das Isolieren eines Problems

In den ersten Schuljahren kann das ganz einfach vor sich gehen. Oft wird das Problem nicht einmal als solches ausgesprochen. Der Fünfjährige, der Haarfärbemittel in eine Flasche mit Wasser füllte, stellte damit eigentlich die Frage: „Was geschieht wohl, wenn …?"
Wenn das Kind seine Frage als Behauptung formuliert, kann der Lehrer mit dem Kind sprechen, bevor es seine Idee ausprobiert. Etwa so:

„Styropor schwimmt, weil kleine Luftbläschen drin sind. Dinge schwimmen nur, wenn Luft in ihnen ist", behauptete der zehnjährige Philip. „Glaubt ihr, daß das immer stimmt?" fragte die Lehrerin, und nachdem eine Gruppe von Kindern das diskutiert hatte, entschloß sich Philip, mit verschiedenen Gegenständen im Wasser zu experimentieren.

Die eigentliche Schwierigkeit war hier, ein Problem so zu isolieren, daß es mit naturwissenschaftlichen Untersuchungsmethoden gelöst werden konnte. Das ursprüngliche Problem war dazu nicht geeignet, da Philip nicht die Luft aus dem Styropor entfernen und dann sehen konnte, ob es auch ohne die „kleinen Luftbläschen" schwimmt. Dagegen konnte der zweite Teil seiner Behauptung untersucht werden, und die Lehrerin regte Philip an, dem nachzugehen.
Zuweilen bedarf es vieler Diskussionen, bevor sich das Problem herauskristallisiert.

Simon und Robin, beide zehn Jahre alt, beschäftigen sich mit der Frage, wieviel Wasser ein Kind beim Waschen verbraucht. Sie füllten ein Waschbecken mit Wasser, um die Menge zu messen, aber ohne großen Erfolg. Simon fragte die Lehrerin, ob es nicht eine einfachere Meßmethode gebe. Sie lenkte ihre Aufmerksamkeit auf die Wasseruhr. Von diesem Punkt an ging die eigentliche Fragestellung verloren, und alles war plötzlich ganz vage und unsicher. Die Kinder hatten jetzt nicht einmal mehr ein festumrissenes Problem. Als die Lehrerin sie fragte, ob sie wüßten, was es mit der Wasseruhr auf sich habe, sprach Simon zögernd von Millionsteln, Tausendsteln, Hundertsteln und Zehnteln von gallons.

„Was bedeuten denn diese Zahlen auf dem Zähler?" fragte die Lehrerin. Simon und Robin waren nicht sicher, ob die Wasseruhr in Zehntel von *gallons* oder in je zehn *gallons* maß. „Können wir das herausfinden?" fragte die Lehrerin. Nun war das Problem isoliert. Die Jungen öffneten Wasserhähne und beobachteten die Zähler, bis sie sehen konnten, nach welchen Prinzipien sie messen. Dann lasen sie ohne weitere Hilfe der Lehrerin die Werte auf der Uhr ab.

Planen von Experimenten

Ein gut geplantes Experiment muß Ergebnisse hervorbringen, die eine möglichst geringe Zahl von Interpretationen zulassen, am besten nur eine. Auf einem einfachen Niveau ist das kein großes Problem.

Alison, neun Jahre, fand ein weißes spinnennetzartiges Gewebe in einem alten Baumstumpf. Sie brach das davorliegende Holz ab, bohrte ein kleines Loch in das Gewebe und sah hinein. ,,Ich glaube, da drin sind Eier'', sagte sie und beschloß, diese in einer Schachtel mit ins Klassenzimmer zu nehmen. So würde sie sehen können, ob es tatsächlich Eier waren und wenn, was für welche.

Eine Gruppe von Sechsjährigen wollte einen großen Stein auf ein Brett heben, um ihn fortzubewegen. Ein Mädchen sagte: ,,Wir müssen ihn mit einem Hebel darauf wälzen'', und sie sprachen über die Bedeutung dieses Wortes mit ihrer Lehrerin. Um die Hebelwirkung zu illustrieren, legte die Lehrerin einen Holzklotz unter das Brett, stellte sich auf das eine Ende und sagte: ,,Könnt ihr mich hochheben?'' Jedes Kind war sicher, daß es das könne, und alle stellten sich der Reihe nach auf das andere Ende des Brettes, immer noch festen Glaubens, obwohl sie bei allen anderen Kindern den Mißerfolg gesehen hatten. Später saß die ganze Gruppe da und dachte angestrengt nach, bis Christopher bemerkte: ,,Wenn wir uns alle draufstellen, können wir Sie in die Luft drücken.'' Das versuchten sie und hatten Erfolg. Trotzdem überlegten sie immer noch, ob es nicht einer von ihnen allein könne. ,,Wir könnten draufspringen'', sagte einer, und jedes Kind versuchte es, wieder ohne Erfolg. Endlich sagte Paul: ,,Wenn ich den Holzklotz verschieben darf, kann ich Sie hochheben.'' Er schob den Klotz weiter in Richtung auf die Lehrerin, setzte – seines Erfolges sicher – einen Fuß auf das Ende des Brettes und hob sie vom Boden.

Indem sie eine Anzahl von Möglichkeiten auswählten und jede dieser Möglichkeiten einzeln ausprobierten, wobei sie alle anderen Bedingungen unverändert ließen, hatten diese Kinder entdeckt, wie man einen Hebel anwendet und einen Erwachsenen damit vom Boden hebt.

Komplexere Situationen verlangen allerdings sorgfältigere Planung und Kontrolle, und gerade die Kontrolle scheint Kindern nicht leicht zu fallen. Deshalb hat der Lehrer hier eine wichtige Aufgabe. Das bedeutet nicht, daß er den Kindern sagen soll, was zu tun ist. Aber er sollte über die Methoden und Hilfsmittel zur Lösung des Problems mit ihnen sprechen und sie veranlassen, dies auch untereinander zu tun.

Als Grundschüler, die etwas älter waren, die Härte verschiedener Holzsorten vergleichen wollten, schlugen sie Nägel ein und zählten die Anzahl der erforderlichen Schläge. Nach einiger Zeit verwarfen sie diese Methode, da ihnen klar wurde, daß man unmöglich jedesmal mit genau derselben Kraft auf einen Nagel schlagen konnte.

Nun wollten sie ein Gewicht auf einen Nagel fallen lassen, um zu sehen, wie oft es fallen mußte, um den Nagel vollständig einzuschlagen. Die Lehrerin besprach mit ihnen den Plan, und sie fragten sich: „Wie können wir jedesmal dieselbe Kraft ausüben? Das Gewicht muß immer denselben Weg fallen. Wie können wir das einrichten?" Sie spannten das Holz in einen Schraubstock und befestigten das Gewicht über einer Rolle an einem Strick. Jetzt konnte es einen festgelegten Weg fallen. „Was für einen Nagel wollen wir nehmen?" wollten sie wissen. Sie versuchten es mit verschiedenen Sorten, und eine wurde als die geeignete ausgewählt. „Wie halten wir den Nagel aufrecht?" Sie versuchten es auf mehrere Arten; die beste war, ihn in eine Garnrolle zu stellen. Schließlich schlugen sie den Nagel 1¼ inch tief in das Holz. Sie diskutierten auch: „Spielt es eine Rolle, wie groß das Stück Holz ist? Spielt es eine Rolle, ob wir es in Richtung des Wuchses oder gegen die Wuchsrichtung einspannen? Wir wissen es nicht, aber wir müssen die Versuchsbedingungen standardisieren."

Schritt für Schritt wurde so das Problem in mehrere Faktoren zerlegt und jeder dann im Experiment konstant gehalten. An keinem Punkt mußte ihnen die Lehrerin sagen, was zu tun sei. Durch ihre Fragen brachte sie die Kinder jedoch wiederholt dazu, das Problem von allen Seiten zu betrachten, bis ihr Experiment so beweiskräftig wie möglich war.

Kritische Überprüfung von Ergebnissen aus Experimenten

Wenn Kinder ein Standardexperiment nachvollziehen oder den Anweisungen eines Buches oder eines Arbeitsbogens folgen, haben sie kaum Schwierigkeiten, die Ergebnisse des Experiments zu interpretieren; allerdings lesen sie gern die Bedeutung heraus, von der sie annehmen, daß sie erwartet wird, auch wenn die eigenen Beobachtungen davon abweichen.

Bei diesen Experimenten sind die Kinder innerlich recht wenig beteiligt, wie wir an einer Klasse sahen, die eine Reihe verschiedener, in einem Buch beschriebener Experimente durchführte. Als einzelne Kinder unabhängig voneinander gefragt wurden, warum sie die Experimente machten, antworteten sie alle: „Weil sie im Buch stehen."

Aber was ist, wenn das Experiment „schiefgeht"? Wenn es nicht die Antwort gibt, die vom Buch, dem Arbeitsbogen oder dem Lehrer vorhergesagt wurde? Sollen wir einfach darüber hinweggehen oder sagen: „Fang noch einmal von vorne an"? Sicher nicht, denn hier wird das Experiment eigentlich erst richtig interessant und sollte weiter verfolgt werden. Warum ist es nicht wie vorhergesagt verlaufen?

Was machen wir, wenn wir nicht im voraus die Antwort wissen? Kinder, denen große Freiheit in ihren Untersuchungen gewährt wird, stellen oft Fragen, auf die es noch keine Antwort gibt. Das trifft besonders bei Pflanzen und Tieren zu. Wie verteilen sich verschiedene Insektenarten auf verschiedene Bäume? Warum leben einige Insekten auf bestimmten Baumarten und nicht auf anderen? – Oder bei ganz spezifischen, auf die nahe Umgebung bezogenen Fragen: Wie ist das Verhältnis zwischen der Schmutzmenge auf Blättern und der Entfernung zu einer Hauptstraße? Wie wird das Wachstum beeinflußt, wenn drei Linden sehr dicht nebeneinander wachsen?

Wenn Kinder solche Fragen untersuchen, können sie nicht auf traditionelle Experimente zurückgreifen. Sie müssen eine andere Methode benutzen und brauchen in der Regel viel Unterstützung von ihrem Lehrer. Sie müssen lernen, ihre Beobachtungen kritisch zu prüfen und zu entscheiden, welche Bedeutung sie haben. Was können wir als einigermaßen sicher betrachten? In welchem Fall brauchen wir mehr Experimente und Beobachtungsmaterial? Welches sind die Grenzen unserer experimentellen Methoden? Die jeweils erforderlichen Verfahren lassen sich am schnellsten durch Diskussionen entwickeln.

Drei Kinder im Alter von neun Jahren lasen in einem Buch, daß viele Samen Stärke enthalten. Um diese Behauptung nachzuprüfen, zerrieben sie einige Samen mit einer Feile und mischten das Pulver mit Wasser. Zum Vergleich rührten sie etwas gekaufte Stärke an. Dann ,stärkten' sie zwei Stücke Gaze – eines in jeder Lösung – und bügelten sie. Sie waren über das Ergebnis begeistert, bis ihre Lehrerin sie fragte, ob ihr Experiment wirklich das Vorhandensein von Stärke beweise. Sie diskutierten miteinander und kamen zu dem Schluß, daß etwas anderes in den Samen enthalten sein könnte, das die Gaze weiß und steif mache. Um ganz sicher zu gehen, würden sie noch mehr Beweise brauchen. Sie meinten damit: *„Stimmt die Bedeutung, die wir einer Sache beimessen, mit unseren experimentellen Ergebnissen wirklich überein?"*

So arbeitet auch der Wissenschaftler, der weiß, daß seine Ergebnisse für jeden anderen nachvollziehbar sein müssen und sich auch für Voraussagen verwenden lassen.

Die Bedeutung der Diskussion

Das Kind sollte seine Vorstellungen in der Diskussion mit dem Lehrer und seinen Klassenkameraden erweitern und verfeinern. Es braucht diese Diskussion genauso wie das Experimentieren oder die Darstellung seiner Gedanken in nicht verbaler Form. Beim Sprechen hat das Kind die Möglichkeit, seine Gedanken zu ordnen und dadurch zu einer größeren Klarheit zu gelangen. Es ist deshalb wichtig, daß der Lehrer die Kinder dazu ermutigt, ihre Gedanken auszusprechen und miteinander zu diskutieren. (Notizen als Hilfe

27

für die Diskussion leisten geübten Erwachsenen gute Dienste, nicht aber Kindern.)

Indem es ein Problem zur Sprache bringt, gibt das Kind anderen Gelegenheit, ihre eigenen unterschiedlichen Erfahrungen in das Gespräch einzubringen. Der Lehrer kann dem Kind helfen zu erkennen, an welcher Stelle seine Ideen den Tatsachen nicht entsprechen oder wo sie auf falschen Voraussetzungen beruhen. Auch wenn die naturwissenschaftlichen Kenntnisse des Lehrers begrenzt sind, sollte er genügend Selbstbewußtsein besitzen, um sagen zu können: „Ich weiß die Antwort darauf selbst nicht, aber ich kann dir helfen, einen Weg zu finden, wie man sie herausbekommt." Das ist der entscheidende Punkt im naturwissenschaftlichen Unterricht der Grundschule.

Oft legt schon die Bereitstellung geeigneten Materials eine Antwort nahe.

Der neunjährige Colin und drei seiner Klassenkameraden untersuchten den ausgetretenen Rand einer Steinstufe einer alten Kirche. Sie erkannten, daß die ausgetretene Stufe gleichsam die graphische Darstellung der Verteilung aller Fußabdrücke war, die sie ausgetreten hatten, und arbeiteten eine Methode aus, um den Rand der Stufe auf Papier festzuhalten. Dann erkannten sie, daß die Form des Stufenrandes ihnen keinen Aufschluß über die Fußabdrücke gab, die den Rest der Stufe abgetreten hatten. Sie suchten deshalb nach einer Methode, um die ganze Stufe aufzuzeichnen. Es gelang ihnen nicht. Danach gingen sie – keineswegs entmutigt – ins Klassenzimmer zurück, wo Colin zufällig einen schweren Pappkarton aufhob, der neben der Tür lag. Er stöhnte über das Gewicht.

„Der ist ja so schwer, als ob Ton drin ist", beklagte er sich. „Es ist auch Ton", erwiderte die Lehrerin.

Colin legte das Paket wieder hin. „Ich weiß, wie wir es machen können", sagte er und erklärte den anderen Kindern, daß sie den Ton auf die Stufe drücken könnten und auf diese Weise eine dreidimensionale Darstellung der abgetretenen Oberfläche erhalten würden. Immer noch gab es Schwierigkeiten zu überwinden, z. B. das Festkleben des Tons. Das größte Problem war aber dadurch gelöst, daß die Lehrerin ihnen das richtige Material in den Weg gelegt hatte.

In dem Maße, wie ihre Erfahrung wächst, werden Kinder selbstkritischer und geben sich weniger leicht mit den Ergebnissen ihrer Experimente zufrieden. Sie konstruieren genauere Geräte, sie entwickeln ihre Techniken weiter und finden exaktere Hilfsmittel zum Messen und zum Aufzeichnen der Ergebnisse. Voraussetzung für diese Entwicklung sind häufige Diskussionen.

So erreichen sie endlich ein Stadium, in dem die Geräte, die sie aus einfachen Gebrauchs- und Haushaltsgegenständen hergestellt haben, ihren Ansprüchen nicht mehr genügen. Das ist der richtige Zeitpunkt, sie in den Gebrauch der „klassischen" Versuchsgeräte einzuführen.

28

Experimentiergeräte

Wir treten sehr für den Gebrauch selbsthergestellter Geräte ein, obwohl das nicht bei allen Lehrern auf Verständnis stößt. Diese Geräte geben den Kindern die Möglichkeit, eine Sache von Grund auf zu verstehen, wobei das Selbstentwerfen und Bauen eine entscheidende Rolle spielt. Aber es gibt auch noch andere Gründe.

Erstens müssen wir die finanzielle Seite bedenken. Wenn jedes einzelne Kind praktisch arbeiten soll, sind die Kosten von gekauften Geräten für mehrere Klassen untragbar.

Zweitens sollten wir die Kinder dazu bringen, die Naturwissenschaften nicht als ein Fach zu betrachten, das man zu bestimmten Zeiten in bestimmten Räumen ,hat', und für das spezielle Geräte benutzt werden, sondern als eine Methode des Entdeckens, die man überall, zu jeder Zeit und mit jedem Material, das gerade zur Verfügung steht, anwenden kann. Das wird dazu beitragen, daß die Kinder auf diese Art nicht nur in der Schule, sondern auch zu Hause oder einfach überall lernen. Wenn das Kind von den herkömmlichen Geräten abhängig wird, bevor es überhaupt naturwissenschaftlich zu arbeiten gelernt hat, dann wird es wahrscheinlich nur sehr begrenzte Entdeckungen in seiner Umwelt machen können.

Ein Lehrer an einer Sekundarschule, der von seinem normalen Lehrplan abwich, um den Schülern eigene Untersuchungen zu ermöglichen, mußte sehr bald erkennen, daß sein gut ausgerüstetes Labor ihre Bedürfnisse nicht erfüllen konnte. Die Kinder rührten die teuren Geräte kaum an, verlangten dagegen allerlei einfaches Material, das er nicht zur Hand hatte. Daraufhin richtete er als ersten Schritt zur Lösung des Problems eine Werkbank mit einem Satz von Arbeitsgeräten ein.

Wir raten Lehrern allerdings davon ab, Geräte, die zu kaufen sind, einfach durch entsprechende selbsthergestellte zu ersetzen. Darin steckt sicher eine gewisse Versuchung, denn sie sind billig anzufertigen. Viele Lehrer sind darin sehr geschickt und einfallsreich. Aber wenn die Klasse nur mit selbsthergestellten Windmessern, Federwaagen und anderen Wägevorrichtungen arbeitet, die nach dem Vorbild käuflicher Geräte gebaut wurden, so wird das genau dieselbe einschränkende Wirkung haben, wie der ausschließliche Umgang mit kommerziell hergestellten Geräten. Meist sieht die Praxis auch so aus, daß nicht die Kinder, sondern die Lehrer die Geräte konstruieren. Und selbst wenn die Kinder das tun, so ahmen sie doch häufig nur Entwürfe des Herstellers nach. Ganz ohne Nachahmungen kommerzieller Vorbilder kann man jedoch vermutlich nicht auskommen.

Nigel und sein Freund, beide zehn Jahre alt, hatten sich in der Klasse mit dem Problem beschäftigt, wie man schwere Lasten fortbewegt. Daraufhin wuchs ihr Interesse am Wägen so stark, daß sie das ganze Wochenende über hart arbeiteten und eine Waage aus Holz und kleinen Kesselhaken bauten.
Sie brachten die Waage mit in die Schule und führten sie nicht nur mit Stolz vor, sondern zeigten auch, daß sie viel über bestimmte mathematische Beziehungen gelernt hatten. Wenn z. B. vier Dichtungsringe aus Stahl an einen Haken, der vier inches von der Mitte entfernt war, gehängt wurden, konnten sie den Balken dadurch im Gleichgewicht halten, daß sie auf der anderen Seite zwei Ringe an den acht-inch-Haken hängten. Sie bewältigten alle Varianten dieses Problems. Sie wußten nichts von Lastarm, Kraftarm und Drehpunkt, trotzdem hatten sie, wenn auch unbewußt, ein fundamentales Gesetz – das Hebelgesetz nämlich – herausgefunden.

Das Kind sollte die Geräte vor allem deshalb selber entwerfen und bauen, um auf diese Weise die der Sache zugrundeliegenden naturwissenschaftlichen Prinzipien besser zu erkennen.
Darüber hinaus lernt das Kind bei der Herstellung eines Modells – beispielsweise eines Elektromotors – die Funktionsweise eines komplizierten technischen Apparates kennen. Ein Beispiel dafür lieferte ein zehnjähriger Junge, der einen elektrischen Stromkreis auf einem Brett aufbaute und einen Schalter einfügte, der aus einer mit einer Reißzwecke auf dem Brett befestigten Büroklammer bestand. „Wissen Sie", sagte er, „worin der Witz der Sache besteht? Man unterbricht den Draht an einer Stelle und bringt ihn dann wieder zusammen". Er hatte ein wichtiges technisches Prinzip verstanden.

Das Bedürfnis nach Darstellung von Ergebnissen

Das Kind hat das Bedürfnis, die Ergebnisse seiner Arbeiten in irgendeiner Form darzustellen. Das führt in der Regel zu einem Gespräch, zu einem Aufsatz, einer Zeichnung oder vielleicht zu einem Modell. Manchmal erfindet das Kind auch eine Phantasiegeschichte, wie z. B. Kinder einer Landschule, die sich ein Schauspiel über das Fallen der Blätter ausdachten.
Die Gründe für dieses Verhalten sind vielschichtig und bisher noch nicht ausreichend erforscht. Das Kind ist möglicherweise von seiner Entdeckung so begeistert, daß es den Wunsch hat, sich mitzuteilen. Das ist sicher eine normale Reaktion. Die Beobachtung oder Entdeckung kann aber auch auf der Absicht beruhen, etwas Schöpferisches zu tun.
Um eine Sache vollständig zu verstehen, scheinen die Kinder es aber auch für notwendig zu halten, ihre Ergebnisse so darzustellen, daß sie noch einmal

sinnlich erfahrbar werden. Kinder sprechen laut über ihre Gedanken, um sie zu ordnen, oder stellen ein Tonmodell eines Hamsters her, um sich über sein genaues Aussehen klarzuwerden.

Damit die Kinder lernen, die Materialien auszuwählen, mit denen sie ihre Vorstellungen am besten ausdrücken können, sollte im Klassenzimmer eine große Materialvielfalt vorhanden sein. Ohne ausreichende Erfahrung im Umgang mit Materialien können wir vom Kind kein ausgewogenes Urteil erwarten. Wenn es aber diese Erfahrung besitzt, sind seine Leistungen oft überraschend.

Tessa, neun Jahre alt, gab ihrer Lehrerin den Tip, daß sich Pauspapier gut für Abreibbilder von Blättern eigne. Man könne das Blatt durch das Papier hindurch sehen, es hätte allerdings den Nachteil, leicht zu verrutschen. Ihr hatte das Aufkleben von Blättern auf Papier für eine Ausstellung nicht mehr gefallen. Daraufhin experimentierte sie zu Hause mit verschiedenen Methoden und Materialien, bis sie eine Kombination fand, die sie befriedigte.

Der sechsjährige Richard nahm zum Modellieren eines Kaninchens Ton, weil er zuerst leicht formbar ist und dann hart wird. Plastilin hielt er für weniger geeignet. Für die Barthaare benutzte er Drahtstückchen. Drei seiner Klassenkameraden stellten das Kaninchen in einer Stoffapplikation dar, weil der Stoff zur Weichheit des Tieres paßte. Ein Mädchen zeichnete mit Feuereifer eine Serie von Bildern. Sie arbeitete lange und intensiv, wobei sie sich immer wiederholte und niemand wußte warum. Aber es war sicher, daß für sie kein anderes Medium in Frage kam. Schließlich hörte sie nach einiger Zeit auf und kehrte zufrieden zur gewohnten Arbeit in der Klasse zurück.

Keiner dieser Versuche sich auszudrücken, wäre möglich gewesen, wenn die Kinder nicht mit einer Reihe von Materialien Umgang gehabt hätten, so daß sie das geeignetste aussuchen konnten. Da Kinder in der Regel auf eine Erfahrung zurückkommen und sie in derselben Art noch einmal wiederholen – entweder um sie noch einmal zu durchleben oder um Vorstellungen zu erhärten oder auszuprobieren –, ist es ratsam, die Materialien greifbar im Klassenzimmer liegen zu lassen.

Naturwissenschaften und Kommunikation

Das gesprochene Wort

Als der neunjährige Edward mehrere Methoden gefunden hatte, drei Glühbirnen mit einer Batterie zu verbinden und sie alle zum Leuchten zu bringen, faßte er den Arm seines Freundes und sagte: „Guck mal, was ich geschafft habe." Erst nachdem er alles genau erklärt hatte, nahm er Papier und Bleistift, um ein Bild seiner Stromkreise zu zeichnen. Die unmittelbare Reaktion war das Sprechen.

31

Das kann kaum überraschen, denn das häufigste Kommunikationsmittel ist das gesprochene Wort. Die Beschäftigung mit den Naturwissenschaften kann einen wichtigen Beitrag zur Sprachentwicklung bei Kindern leisten. Sie ist sowohl Anlaß als auch Gegenstand des Sprechens, besonders dann, wenn der Lehrer und die Klassenkameraden willige Zuhörer sind. Für Kinder, die langsam lernen, ist dies wahrscheinlich die wertvollste Hilfe, die der naturwissenschaftliche Unterricht anzubieten hat.

Das geschriebene Wort

Viele Kinder haben ihre ersten Schreibversuche im Zusammenhang mit naturwissenschaftlichem Unterricht gemacht; denn wenn ein Kind über seine Entdeckungen schreiben will, besitzt es die besten Voraussetzungen, Schwierigkeiten zu überwinden.
Wenn sie einmal die Technik einigermaßen beherrschen, schreiben Kinder gern, und es kann ihnen so gehen wie dem siebenjährigen Mädchen, das eine Zeitlang behutsam ein Küken in der Hand hielt und dann sagte: ,,Ich schreibe eine Geschichte darüber. Nein, das würde zu lang werden, ich schreibe nur über seinen Kopf.''
Dies illustriert einen weiteren wichtigen Punkt. Kinder schreiben bereitwilliger, wenn sie einen sinnvollen Zweck darin sehen. Wenn von ihnen nur gefordert wird, ein Blatt vollzuschreiben, um es dem Lehrer zum Zensieren abzugeben, werden sie wohl kaum davon begeistert sein. Wenn sie aber wie dieses kleine Mädchen wissen, daß die Arbeit ausgestellt und von anderen Kindern gelesen werden wird, dann schreiben sie voller Begeisterung. Wegen der unterschiedlichen Erfahrungen muß man die verschiedensten Darstellungsformen und Sprachmittel benutzen, von der beschreibenden Prosa über sachliches Auflisten bis zur Lyrik.

Ein zehnjähriges Mädchen schrieb nach einem Spaziergang im Park den folgenden Bericht:
Vor fünf Wochen stellten wir bei einem Besuch im Park fest, daß ein dicker Ast an einer Eiche abgebrochen und auf die Erde gefallen war. Wir fragten uns, wie es dazu kam und sprachen daraufhin über die möglichen Ursachen.
Einige von uns dachten, es wäre durch den Wind, der in der Nacht geweht hatte, passiert. Kühe waren auf jeden Fall nicht der Grund, weil der Ast zu hoch war, als daß sie sich daran hätten reiben können. Wir untersuchten die Bruchstelle. Nein, faulendes Holz war auch nicht der Grund, denn die Bruchstellen sahen ganz gesund und fest aus. Die gesplitterten Teile des Bruchs waren allerdings interessant, wie lange, scharf angespitzte Zungen oder Finger....

John, zehn Jahre alt, schrieb nach einem Spaziergang an einem frostigen Herbstmorgen ein Gedicht:

> Dieser leicht frostige Tag
> bringt traurigen Tod für viele Pflanzen.
> Eine blätterlose Nessel steht
> so stolz wie immer
> ohne Stachel. Und nur den einen
> trocknen, leblosen Stamm hat sie
> behalten zum Beweis ihres Daseins.
> Das vielbegangene Gras führt zu
> einem Fleck von weiteren
> vertrockneten Pflanzen, nur Stengeln.

> This slightly frosted day
> Marks the solm death of many plants.
> A leafless Nettle stands,
> just as proud as ever
> without sting. And only a
> Dry lifeless stem has it
> left to prove its existance.
> The trodden grass leads to
> a patch of some more
> dried stalks-only plants.

Kinder aus einer Stadtschule interessierten sich für eine Schildkröte, die ein Schüler mitgebracht hatte. Die Lehrerin stellte im Klassenzimmer Bilder, Modelle und Texte, die sie in Büchern über Schildkröten gefunden hatte, aus. Darunter befand sich auch das Gedicht von D. H. Lawrence *Kleine Schildkröte*. Die Kinder lasen es, fanden aber, daß es ihr eigenes Tier nicht richtig beschrieb, und verfaßten selbst Gedichte über die Schildkröte. Eins davon, von einem neunjährigen Mädchen verfaßt, heißt auch ,Kleine Schildkröte'.

> **Kleine Schildkröte**
> Wenn du ärgerlich bist, dann zischst du
> wie eine Schlange.
> Du humpelst langsam
> in den kühlen Schatten.
> Kein Anhalten um Schutz.
> Dein Haus ist bei dir.
> Ein kleines runzliges Gesicht
> wie ein alter Mann.
> Warum gehst du so langsam?
> Warum bis du so alterslos?
> Schuppige Haut.

Baby Tortouse
When you are angry you spit,
Like a snake.
You hobble slowly
In the cool shade.
No stopping for shelter.
Your house is with you.
A small wrinkled face
Like an old man.
Why do you walk so slowly?
Why are you ageless?
Scaly skin.

Zeichnen, Malen und Modellieren

Kinder malen, zeichnen oder modellieren nicht nur, um mitzuteilen, was sie
beobachtet haben, sondern auch, um ihre Gedanken zu ordnen und ihre Vorstellungen auszudrücken.
Manchmal gibt das Werk eine Beobachtung wieder. Manchmal demonstriert
der kleine Künstler eine Erkenntnis direkt mit seinem Material: so z. B. ein
siebenjähriger Junge, der Tinte immer mehr verdünnte, dabei die abneh-
mende Intensität der Farbe bemerkte und dann ankündigte, er wolle sie für
ein Muster benutzen.
Ein anderes Mal fertigt ein Kind eine künstlerische (im Gegensatz zu einer
realistischen) Zeichnung von einem beobachteten Gegenstand an.
Die Kunst kann ihrerseits neue Probleme aufwerfen, so als der neunjährige
David mit Gips experimentierte, um die beste Konzentration für Gipsabdrücke zu finden.

Mathematische Darstellung

In manchen Fällen sind Worte und Zeichnungen nicht das geeignete Mittel,
um Ergebnisse darzustellen.
Eine Klasse von Sechsjährigen hielt die Gewichtszunahme ihrer Maus durch
Wiegen fest. Die Kinder wogen das Tier mit Metall-Dichtungsringen und
schrieben jedesmal ihre Beobachtungen auf. Die Ringe legten sie aufeinander und gelangten auf diese Weise zu einer graphischen Darstellung, die die
Gewichtsänderung in Abhängigkeit von der Zeit zeigte. Ihre Ergebnisse
übertrugen sie dann auf Papier. Durch diese und ähnliche Erfahrungen lernten die Kinder die Bedeutung von graphischen Darstellungen als ein Mittel
kennen, um die Beziehungen zwischen Variablen zu veranschaulichen.

Eine Klasse, die das Gewicht von Blättern an einem Ast schätzte, mußte verschiedene Stichprobenverfahren anwenden. Solche Formen statistischer Berechnung sind in Grundschulen nicht ungewöhnlich. Sie sind sehr wichtig, wenn die Kinder z. B. die Häufigkeit der Verteilung von Tieren oder Pflanzen untersuchen.

In jedem Fall benutzen die Kinder mathematische Techniken, um eine Antwort auf ein naturwissenschaftliches Problem zu bekommen, und sie verwenden mathematische Begriffe, um zu beschreiben, was sie getan haben.

Naturwissenschaften und Curriculum

Inzwischen dürfte es klar geworden sein, daß sich die Naturwissenschaften – selbst wenn es wünschenswert wäre – unmöglich vom übrigen Curriculum trennen lassen. Man könnte sogar behaupten, daß die Naturwissenschaften eine ganz einzigartige Stellung einnehmen, da sie einen praktischen Weg darstellen, um etwas über die Umwelt herauszufinden, und sie in dieser Eigenschaft oft die Grundlage für viele andere Aktivitäten bilden. Viele solcher Beispiele wurden schon erwähnt – sprechen, schreiben, zeichnen, modellieren, zählen, berechnen und graphisch darstellen.
Naturwissenschaftliches Arbeiten kann und sollte auch aus anderen Lernbereichen hervorgehen. Es gab Fälle, in denen eine Frage, die in Geschichte gestellt wurde, den Beginn einer naturwissenschaftlichen Untersuchung bildete. Zwischen den Lernbereichen gibt es mehr als nur inhaltliche Berührungspunkte. Unterschiedliche Denkmethoden werden auf dasselbe Problem angewendet. Die verschiedenen Disziplinen sind in so vielfältiger Weise verknüpft und verwoben, daß es fast unmöglich ist, sie voneinander abzugrenzen. Entscheidend für das Lernen ist die Einstellung der Kinder. Wenn ein Kind etwas wissen will, wird es jeden Lernbereich oder jede Technik, die dazu dienen kann, eine Antwort zu finden, auf das Problem anwenden.
Vielleicht findet das Kind heraus, daß seine Untersuchungen nur Fortschritte machen, wenn es eine spezielle mathematische Methode benutzt oder, daß seine Antwort unvollständig bleibt, wenn es sich nicht – sagen wir – aus einem Geschichtsbuch informiert. Das gleiche gilt, wenn das Kind auf Stein malt und dazu natürliche Materialien verwendet, um die Höhlenmalereien der Steinzeit zu verstehen.
Am Ende werden die Naturwissenschaften für viele Kinder eine gesonderte Disziplin darstellen, aber für den Augenblick bedeuten sie nur eine Möglichkeit des Lernens. Sie müssen ihren Platz neben Mathematik, der Mutterspra-

che oder Kunst einnehmen und diese Fächer unterstützen, wie sie ihrerseits von diesen unterstützt werden.

Wenn der Unterricht wirklich fruchtbar sein soll – dann dürfen die Naturwissenschaften nicht als gesonderte Fächer behandelt werden, die man nach Stundenplan zu festgesetzten Zeiten lehrt. Vielmehr sind sie als besondere Arbeitsmethode zu betrachten, die man jederzeit einsetzt, wenn es erforderlich ist.

Naturwissenschaft aus erster und zweiter Hand

Bisher lag die Betonung auf dem Lernen aus der unmittelbaren praktischen Erfahrung. Es muß aber deutlich gemacht werden, daß dies nicht der einzige Weg ist. Gäbe es nur solche Erfahrungen, so wäre der Lernvorgang lang und mühsam, und das Kind käme doch nur zu einem beschränkten Wissen, wenngleich dieses Wissen auch wirklich gründlich verstanden worden wäre. Viele Dinge erführe das Kind nicht, weil sie auf diesem direkten Wege nicht untersucht werden können – meist aus Sicherheits- oder Kostengründen. Kinder müssen diese anderen Dinge aus zweiter Hand lernen, aus Büchern, Filmen, Radio, Fernsehen oder einem anderen Kommunikationsmedium.

Angeregt durch die Ergebnisse ihrer direkten Untersuchungen wollen die Kinder häufig mehr wissen und müssen sich Informationen zuwenden, die andere ihnen mitteilen. Es ist wichtig, daß sie lernen, wo und wie sie die gewünschte Information finden und wie sie bis zu einem gewissen Grad die Gültigkeit und Stichhaltigkeit abschätzen können.

Nur weil das Wissen in solchen Fällen aus zweiter Hand kommt, darf es noch nicht mit passivem Lernen verwechselt werden. Es enthält immer noch eine aktive Suche nach Information und Verständnis. Man vergleiche diese Suche mit dem Vorgehen eines Kindes, das den genauen Anweisungen eines Arbeitsbogens oder Buches folgt, die ihm angeben, was es tun und wonach es suchen soll. Obwohl das Kind in diesem Fall ein praktisches Experiment durchführt, verhält es sich wahrscheinlich ziemlich passiv, und die Qualität seines Lernens ist nicht mit dem Lernen vergleichbar, das bei der aktiven Suche nach Informationen in einer Bibliothek stattfindet.

Wenn die aktive Suche nach Verständnis mit eingeschlossen wird, kann man auch aus zweiter Hand lernen.

Das lernschwache Kind

Das Unterrichten lernschwacher Kinder ist vor allem deswegen schwierig, weil ihre Probleme nicht nur intellektueller Art sind. Zusätzlich haben sie eine Vielzahl von emotionalen Schwierigkeiten zu überwinden.

Dies ist nicht sonderlich überraschend, denn die Begrenzung seiner intellektuellen Fähigkeiten bringt ein Kind unvermeidlich in Konflikt mit einer Umgebung, die ihm als ‚normal‘, für normale Menschen geplant, erscheinen muß. Viel Zeit verbringt ein solches Kind damit, mit der Umwelt fertigzuwerden, und je älter es wird, desto breiter wird notwendigerweise die Kluft zwischen ihm und den meisten seiner Mitmenschen. Welche Rolle können die Naturwissenschaften spielen, um die Lehrer beim Unterrichten dieser Kinder zu unterstützen? Zunächst besteht die Beschäftigung mit den Naturwissenschaften darin, die Umwelt praktisch zu erforschen. Das kommt den unmittelbaren Bedürfnissen des lernschwachen Kindes entgegen. Alles, was ihm hilft, seine Umwelt zu verstehen und zufriedenstellend darin zu leben, ist von Wert. Die Einstellung des Lernschwachen wird stark von seinen begrenzten Fähigkeiten beeinflußt. Für ihn ist eine Glastür kein bewegliches Objekt mit interessanten und ständig wechselnden Spiegelungen, sondern eine Gefahr, die ohne schmerzhaftes Anstoßen bestanden werden muß.

Lernschwache Kinder sind meist bereit, Untersuchungen mit einem praktischen Ziel durchzuführen, zeigen dagegen weit geringeres Interesse, Fragen um ihrer selbst willen zu stellen. In der Tat fragen sie nicht gern, und wenn sie es tun, müssen sie unmittelbar eine Antwort erhalten. Sie wagen sich nicht oft in den Bereich abstrakten Denkens und geben sich mit oberflächlichen Antworten zufrieden.

Um zu einem wirklichen Verständnis zu gelangen, brauchen solche Kinder noch mehr konkrete Erfahrungen als andere. Viele von ihnen übertragen auch ihre Erfahrungen nicht ohne weiteres auf eine andere Situation.

Die sechzehnjährige Rosemary füllte drei Behälter verschiedener Form den ganzen Nachmittag lang mit Wasser, bis sie endlich merkte, daß sie alle die gleiche Menge faßten. Dennoch konnte sie nicht begreifen, daß auch Flaschen unterschiedlicher Form dasselbe Fassungsvermögen haben können und mußte auch hierzu konkrete Experimente durchführen.

Carol war genauso alt wie Rosemary und hatte denselben I Q. Sie verstand nicht nur, daß die drei Behälter den gleichen Rauminhalt hatten, sondern konnte auch erklären, warum das so ist. Mehrere Monate lang hatte sie einen Wochenendjob, bei dem sie in einem Hotel abwaschen mußte. Dabei bekam sie viele Gläser, Becher, Krüge etc. mit ähnlichem Fassungsvermögen, aber unterschiedlicher Form in die Hand. Diese Erfahrung mag zum Verständnis beigetragen haben.

Unsere durchaus begrenzten Erkenntnisse legen nahe, daß der Wert naturwissenschaftlichen Untersuchens für schwache Kinder ein dreifacher ist: Erstens lernen sie ihre Umwelt auf eine Weise kennen, die für sie natürlich und annehmbar ist, d. h. durch praktisches Explorieren, das sich hauptsächlich auf Sinneserfahrungen stützt. Natürlich können sie das nur im Rahmen ihrer eingeschränkten Möglichkeiten tun, d. h., die Antwort auf eine Frage muß einleuchtend und für *sie selbst* von Bedeutung sein; gleichgültig, ob sie die Frage selbst gestellt haben oder die des Lehrers als ihre eigene akzeptieren. In beiden Fällen geht es um *ihr* eigenes Problem.

Zweitens ist für sie das Gefühl sehr befriedigend, beteiligt zu sein und in einer Welt Erfolg zu haben, die sie oft zurückzuweisen scheint und in der sie viele Mißerfolge erleben. Jedes Mittel, durch das der Lernschwache dazu gebracht wird, sich persönlich beteiligt und erfolgreich zu fühlen, wird dazu beitragen, jene persönlichen Beziehungen zwischen Lehrer und Schüler aufzubauen, die so wichtig sind, um die emotionalen Barrieren abzubauen.

Schließlich fördern innere Beteiligung und Entdeckungen – wie begrenzt sie auch sein mögen – die Kommunikation. Die Lehrer, mit denen wir zusammengearbeitet haben, stimmten mit uns darin überein, daß dies eine der wichtigsten Wirkungen sei. Häufig hat das lernschwache Kind sehr wenig, was es mitteilen will oder kann. Infolgedessen ist es oft zurückgezogen und wenig kommunikationsfreudig. Wenn ein Kind selbst eine Entdeckung macht, hat es etwas, worüber es berichten möchte und findet dann auch einen Weg, es zu tun. Es wird dadurch in die Lage versetzt, häufiger und mehr zu sprechen. Manchmal möchte es aber auch schreiben und lesen oder malen oder zeichnen oder auf andere Weise ausdrücken, was es zu sagen hat.

Die Einrichtung eines Klassenzimmers

Der Rektor einer Grundschule beschreibt die Einrichtung eines Klassenzimmers folgendermaßen:
Der Lehrer muß sein Klassenzimmer so einrichten, daß die Interessen der Kinder optimal berücksichtigt werden können. Die Anordnung des Mobilars muß flexibel sein, und alle Materialien, die das Kind brauchen könnte, sollen leicht erreichbar aufbewahrt werden.
Die folgenden Abbildungen stellen lediglich eine Möglichkeit für die Einrichtung eines Klassenzimmers dar. Sie beabsichtigen nicht, eine endgültige Antwort auf Organisationsprobleme des informellen Unterrichts zu geben.
Es wird gezeigt, wie ein Lehrer ein kleines, quadratisches Klassenzimmer von 24 × 24 *foot* entsprechend seinen Vorstellungen und den Bedürfnissen seiner Schüler mit zum Teil selbstgebautem Mobiliar eingerichtet hat.

Der Lehrer schuf für seinen Unterricht folgende zusätzliche Materialien:
− einen zentralen Aufbewahrungsort für Materialien
− eine zentrale Präsenzbibliothek
− Leseecken
− Aquarien für tropische Fische
− Käfige für die Haltung von Tieren
− ein Aviarium für tropische Vögel
− ein kleines Museum

Die Abbildung auf Seite 40 zeigt den Plan des Klassenzimmers.

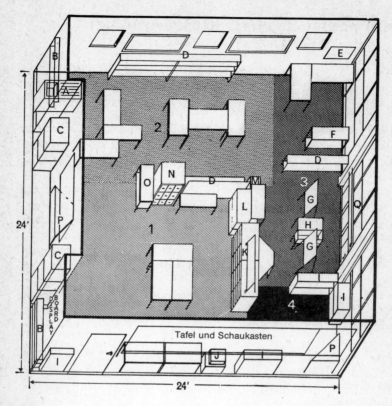

Tafel und Schaukasten

Abb. 1:

1. Allgemeiner Arbeitsbereich in der Nähe der Tafel
2. Bereich für praktische Arbeiten in Mathematik, Naturwissenschaften etc.
3. Bereich für Kunst und Werken
4. Bücherecke

A. Wasserhahn und Waschbecken
B. Offene, verstellbare Regale
C. Einbauschränke
D. Freistehende Regale
E. Lochplatte zum Aufhängen von Werkzeug
F. Werkbank für Holzarbeiten
G. Staffelei
H. Ablage für Farbtöpfe
I. Bücherregale
J. Tonbandgerät
K. Schränke mit Schubfächern – je zwei Schüler teilen sich ein Schubfach

L. Wagen für Papier, Hefte etc.
M. Kleiner Schrank mit Schubfächern für Arbeitsmaterialien (Naturwissenschaften und Mathematik)
N. Bereich zum Kochen und Backen
O. Ablage für Schreibmaterialien
P. Ausstellungstische
Q. Schnur zum Aufhängen von Bildern

40

1. Allgemeiner Arbeitsbereich

Hier in der Nähe der Wandtafel fertigen die Kinder den größten Teil ihrer schriftlichen Arbeiten an. (Am unteren Rand der Tafel ist ein Zahlenstrahl von 1 bis 100 angebracht. Lese- und Rechenbücher werden in den Regalen neben der Tür aufgewahrt [Abb. 2]). Die Tische lassen sich ohne Schwierigkeiten aufeinander stellen, wodurch eine größere Fläche frei wird. Diese wird für Diskussionen mit der ganzen Klasse, zum Vorlesen etc., genutzt.
Schüler, die schriftlich arbeiten, sitzen normalerweise an einem Einzeltisch (Abb. 3). Eine Heftmaschine und Klebstoff liegen bereit, Papier wird aus dem Regal oder dem Papierwagen geholt.
Bücher, die einzelne Gruppen zum Arbeiten benötigen, liegen auf dem Schrank mit den Schubfächern. Je zwei Kinder teilen sich eine Schublade, um darin Bücher und persönliche Kleinigkeiten aufzubewahren (Abb. 4).
Schreibmaterialien wie Kugelschreiber, Bleistifte, Kreide und Filzstifte liegen in einem Regal. Die Schüler haben selbst *keine* eigenen Schreibmaterialien. Wörterbücher und Lexika sowie die schriftlichen Berichte, die die Schüler im Verlauf ihrer Arbeit anfertigen, liegen auf dem Ausstellungstisch zwischen den Wandschränken. Die Kinder werden dazu ermutigt, ihre schriftlichen Arbeiten und Beobachtungen auf Band zu sprechen.
Der allgemeine Arbeitsbereich enthält außerdem einen Kochwagen mit einem kleinen Kinderherd. Auf der einen Seite des Wagens befinden sich offene Fächer für Backformen, Schüsseln, Bestecke und Kochgeräte. Auf der anderen Seite dienen beschriftete Schubladen zur Aufbewahrung von Zutaten. Alle Fächer und Schubladen sind mit selbstklebender Plastikfolie ausgelegt. Der auf Rollen leicht bewegliche Wagen kann von einem Raum in den anderen geschoben werden (Abb. 5 und 6).

2. Bereich für praktische Arbeiten in Mathematik und Naturwissenschaften

Dies ist wahrscheinlich der wichtigste Bereich, auf jeden Fall aber derjenige, in dem sich am meisten abspielt.
Das Wasserbecken steht mit der Schmalseite zur Wand, so daß es von beiden Seiten zugänglich ist (Abb. 7). Darüber sind zwei Regale für Farbtöpfe und Pinsel angebracht. Plastik- und Emaillebecher hängen an Haken, die in die Regale geschraubt wurden. Gummischürzen und Hemden (zum Malen) wer-

den an die Haken, die sich an einem Holzbrett auf der linken Seite des Wasserbeckens befinden, angehängt. Ein Spender für Papierhandtücher ist an der Wand unter den Regalen befestigt.

Dieser Bereich des Klassenzimmers muß reichhaltig mit Materialien, die die Kinder zur Durchführung ihrer Experimente benötigen, ausgestattet sein. Materialien und Geräte sind gut zugänglich im Schrank mit den Schubladen, in freistehenden Regalen, an den Wänden und in den offenen Regalen des Einbauschranks, dessen Türen entfernt wurden, aufbewahrt.

Ein weiteres, freistehendes Regal wird als Raumteiler benutzt. Es hat an der Rückseite Haken, um Ausstellungsgegenstände aufzuhängen (Abb. 11). Im Regal liegen u. a. folgende Materialien:

- Teile von Leitungsrohren, Plastikgefäße, Trichter, Flaschen, Pipetten, Plastiktüten, Reagenzgläser und Ständer.
- Schalter, Batterien, Glühlämpchen, Draht, Klingeln, Spiegel, Linsen, Vergrößerungsgläser, Stecknadeln.
- Eieruhr, Fotoentwicklungsuhr, Metronom, Pendel, Federwaagen und andere Waagen, Flaschenzüge, Schnur, Räder, Sandpapier.
- Bauklötze, geometrische Formen, Lineale, 100 Quadrate, Klemmen, Würfel, die ineinander geschachtelt werden können, Bandmaße, Kompasse, Winkelmesser.
- Pinzetten, Kamelhaarbürste, Korkbrett, Reißzwecken, Folie, Büchsen, Objektträger, Schablonenpinsel, Malpinsel, Scheren.

3. Bereich für Kunst und Werken

Dieser Teil des Raumes ist eine Erweiterung des naturwissenschaftlichen Arbeitsbereichs. Hier können Bilder oder Zeichnungen, Tonmodelle, Stoffdrucke, Handpuppen oder Puppen hergestellt werden. Das Material dafür hat seinen Platz in einem an der Wand stehenden Regal.

In diesem Teil des Klassenzimmers steht außerdem eine Werkbank für Holzarbeiten. Die Werkzeuge für die Holzbearbeitung hängen an einer Lochplatte an der Wand. Die Umrisse der Werkzeuge sind auf das Brett aufgezeichnet, so daß das Fehlen eines Werkzeuges mit einem Blick feststellbar ist (Abb. 12). Staffeleien stehen ebenfalls im Bereich für Kunst und Werken (Abb. 13). Fertige Bilder werden mit Wäscheklammern an einer Leine vor dem Fenster aufgehängt. Große Papierblätter, glatt oder kariert, Karton und Wellpappe liegen in den offenen Fächern des Papierwagens.

4. Die Bücherecke

Abb. 2: Bücher für Gruppen- und Einzelarbeit liegen in offenen, verstellbaren
Regalen in der Nähe der Tür

Hier finden die Kinder eine große Anzahl von Büchern über Themen, mit
denen sie sich gerade beschäftigen (Abb. 14). Diese Bücher können aus der
Schulbücherei ergänzt werden. Bücher, die der Klasse gemeinsam oder einzelnen Kindern gehören, werden ebenfalls aufgestellt und sind so für alle zugänglich. Die Ecke zwischen den beiden Bücherregalen wird für Ausstellungen genutzt, die neue Interessen anregen sollen.
Die Arbeit der Kinder ist nicht auf den Klassenraum beschränkt, sondern
kann sich auch auf andere Teile des Schulgebäudes erstrecken (Abb. 15, 16,
17).

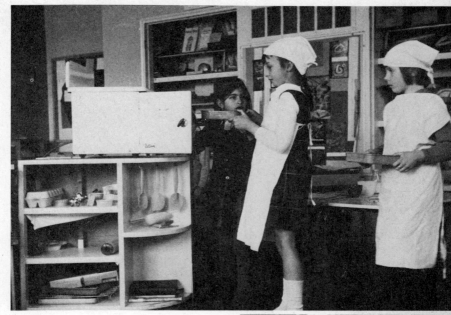

Abb. 3: Einzeltisch und Papierwagen
Abb. 4: Der Schubladenschrank
Abb. 5: Kochwagen
Abb. 6: Vorbereitungen zur Benutzung des
Kochwagens

Abb. 7: Naturwissenschaftlicher Arbeitsbereich mit Wasserbecken

Abb. 8: Die Tische stehen zur Arbeit oder für Ausstellungen zur Verfügung und sind leicht stapelbar – Raumgewinn und größere Beweglichkeit sind entscheidende Vorteile.

Abb. 9: Regale mit Materialien

48

48

Abb. 10: Wandschränke
Abb. 11: Freistehendes Regal als Raumteiler
Abb. 12: Werkbank und Werkzeugbrett

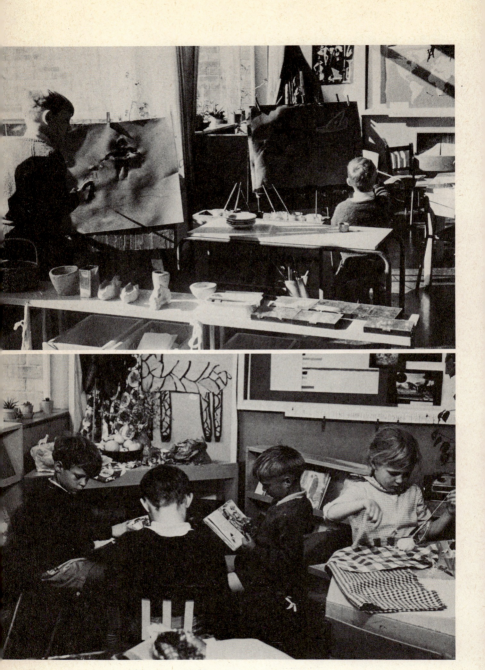

50

Abb. 13: Blick in Richtung Bücherecke – im Vordergrund die Staffeleien

Abb. 14: Die Bücherecke

Abb. 15: Aviarium für tropische Vögel vor dem Schulgebäude

Abb. 16: Ruhige Ecke in der Halle für stilles Arbeiten
Abb. 17: Eingangshalle mit Blick auf die Käfige mit Schildkröten und Fischen

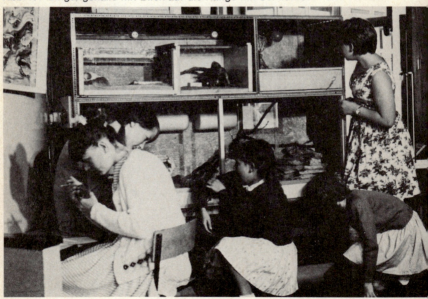

Unterrichtsprotokolle

Über Farben und Töne,
aber hauptsächlich über einen Hamster

Alter	5 Jahre, in Fähigkeiten und Leistungen heterogen zusammengesetzt
Klassenstärke	41 Jungen und Mädchen
Gesamtschülerzahl	200
Zeit	Herbst
Gebäude	3 Jahre alt
Klassenzimmer	modern und freundlich, ein Ausguß ist vorhanden, an der Wand sind Regale mit kunststoffbeschichteter Oberfläche aufgestellt
Umgebung der Schule	die Schule liegt auf einer Anhöhe oberhalb der Stadt; sie wird sowohl von Schülern, die in Eigenheimen wohnen, als auch von Kindern aus Sozialwohnungen besucht
Geographische Lage	Nordostengland; Handelsstadt; örtliche Industrie umfaßt eine Eisengießerei, Textilfabriken, Land- und Forstwirtschaft

Farben

Eine Gruppe von Kindern begann mit Materialien zu spielen, die sie in der Nähe des Ausgußbeckens im Klassenzimmer gefunden hatten:
- Gefäße in verschiedenen Größen und Formen, wie z.B. Bonbongläser, Milchflaschen u.ä.
- Lebensmittelfarben in Tropfflaschen
- Flüssige Spülmittel
- Olivenöl
- Farbe in Pulverform
- Kaliumpermanganatkristalle
- Alka-Seltzer-Tabletten
- Meßbecher
- Siebe
- Trichter
- Pipetten

Einige Tage lang beschäftigten sich die Kinder ausschließlich mit Wasser, indem sie die Gefäße immer wieder füllten und leerten. Als es schon den Anschein hatte, als ob sie sich überhaupt nicht mit den Farben beschäftigen würden, schüttete Helen einige Kaliumpermanganatkristalle in ihr Wasserglas. Die anderen bildeten einen Kreis um sie.

„Es hat sich die Farbe verwandelt."

„Nein. Es ist gefärbtes Wasser."

„Es ist purpurrot."

„Es war roter Puder."

„Nein (einer schüttelte einen Karton), es sind Stückchen von dem Zeug hier."

Die Lehrerin machte die Kinder mit dem Wort „Kristall" bekannt, um ihnen die richtige Bezeichnung für „das Zeug" zu geben. Die übrigen Kinder der Gruppe begannen nun, die Farben mit Interesse zu betrachten. Helen goß einige Tropfen blaue Lebensmittelfarbe in ein großes Glas Wasser. Gespannt beobachteten die Kinder den Vorgang und gaben viele Kommentare und Erklärungsversuche. Oft wurden die Erklärungen einzelner durch Bemerkungen anderer abgeändert.

„Das ist Tinte."

„Naja, es sieht aus wie Tinte."

„Auf jeden Fall ist es trübe."

Helen langte zur Seite und warf eine Alka-Seltzer-Tablette dazu.

„Das sieht aus wie Feuer."

„Es löst sich auf."

„Da steigen Blasen hoch."

„Das sprüht."

„Du meinst wohl, das zischt."

„Jetzt ist alles geschmolzen."

„Das muß heiß sein."

„Ja, es kocht alles."

Die Lehrerin schlug vor, das Glas anzufassen, um festzustellen, ob es wirklich kochendheiß sei. Einige Schüler bestanden darauf, daß die Flüssigkeit koche, obwohl sich das Glas kalt anfühlte. Die Lehrerin beharrte nicht darauf. Sie erklärte den Kindern den Gebrauch von Pipetten und gab einige Tropfen Olivenöl in ein Glas mit Wasser. Daraufhin sagte Alan: „Ein Tröpfchen Spülmittel macht das aber alles zunichte." Er nahm die Flasche mit dem Spülmittel und spritzte etwas davon in das Glas.

Alle: „Es ist doch nicht verschwunden."

Alan: „Weil das Wasser zu kalt ist."

Helen rührte die Flüssigkeit um, und das Öl verschwand.

„Jetzt ist es in den Blasen."

„Es liegt unten auf dem Boden."

„Das Spülmittel hat es weggewaschen."

Die Lehrerin ermunterte die Kinder, ihr und den anderen zu erklären, was sie gerade machten; und die oben wiedergegebenen Gespräche zeigen Art und Qualität ihrer Beobachtungen und Kommentare. Offensichtlich dachten sie angestrengt über ihre Beobachtungen nach und versuchten, diese in Worte zu fassen.

Die Kinder kehrten zu der Beschäftigung mit den Farben zurück. Einige gossen 2 oder 3 Farben in ein Glas und beobachteten fasziniert die Schlierenbildung, bevor sich die Farben mit dem Wasser vermischten. Andere begannen mit den gemischten Farben zu malen. Da ihnen die Farben zu blaß erschienen, schütteten sie noch mehr Lebensmittelfarben hinzu, aber auch dadurch wurden sie nicht kräftiger. Deshalb nahm Jane die Farbe direkt aus der Flasche. Die anderen folgten ihrem Beispiel.

Plötzlich bemerkten sie, daß die rote Farbe, die sie aus dem Kaliumpermanganat hergestellt hatten, auf dem Papier braun wurde. Das veranlaßte sie zu vielen Kommentaren, wie z. B.:

„Es wird braun, wenn es trocknet."

„Die Kristalle sind rot."

„Aber wenn du sie von dieser Seite her ansiehst, erscheinen sie braun."

„Dann kommt das Braun daher."

Die Kinder füllten das Becken mit Wasser, tropften Farbe hinein und beobachteten leise und gespannt, wie sich die Farben vermischten. Dann ließen sie den Wasserhahn laufen, um die dabei entstehenden Farbwolken und Blasen zu beobachten. Die Lehrerin schlug vor, Farben mit einer Pipette auf ein Löschpapier zu tropfen. Die Kinder folgten dem Ratschlag, und es machte ihnen Spaß, Muster herzustellen und zu sehen, wie die Farben ineinanderliefen. Oft führten ihre Farbkombinationen (z.B. schwarz, königsblau, türkis und orange) beim Ineinanderfließen auf dem Papier zu eindrucksvollen Wirkungen.

Zwei Kinder reinigten den Käfig des „Klassenhamsters" und wurden dabei auf einen schwarzen Sonnenblumenkern aufmerksam, der in den Trinknapf gefallen war und das Wasser gefärbt hatte. Daraufhin gaben sie der Gruppe, die mit Farben arbeitete, einige schwarze Kerne und baten, diese im Becken auszuprobieren. Als sich das Wasser nach einigen Minuten noch nicht gefärbt hatte, begannen sie zu diskutieren:

„Sie waren eine lange Zeit im Wasser."

„Ob sie Bobbys (des Hamsters) Zunge rot färben?"
„Sie müssen sich im Wasser vollgesogen haben."

Die Lehrerin schlug vor, einige Samenkörner aus dem Hamsterfutter heraus-
zusuchen und sich vollsaugen zu lassen. Die Kinder schütteten eine Handvoll
in ein zur Hälfte mit Wasser gefülltes Marmeladenglas. In ungefähr einer hal-
ben Stunde hatte sich das Wasser rot gefärbt. Am nächsten Tag entdeckten
die Kinder, daß es fast schwarz geworden war.
„Wir haben rote Farbe hergestellt."
„Das ist keine Farbe, das ist ein Färbemittel."
„Die Samenkörner sind immer noch schwarz. Das Wasser wird noch schwär-
zer werden."
„Rühr es mal um, dann konnt noch mehr Farbe 'raus."
„Gibt das jetzt Flecken?"
„Wir könnten jetzt Kleider rot färben."

Die Lehrerin versprach, einige Lappen mitzubringen, um auszuprobieren, ob
die Lösung wirklich färben würde. In der Zwischenzeit hatten einige Kinder
Mais vom Hamsterfutter, getrocknete Hagebutten und Geranien zum Einweichen geholt. Sie waren enttäuscht, daß keines davon ein Färbemittel ergab, zeigten aber Interesse, als sie nach ein oder zwei Tagen feststellten, daß
der Mais und die Hagebutten zu ihrer ursprünglichen Größe aufgequollen
waren.
„Sie haben das Wasser aufgesogen."
„Deshalb waren sie zusammengeschrumpft. Alles Wasser war ausgetrock-
net."
„Meine Mutti weicht so immer Erbsen ein."

Die Lehrerin besorgte Baumwollstoff sowie ein rotes und ein blaues Kaltfär-
bemittel. Die Kinder färbten einige Stoffstücke mit den Kaltfärbemitteln und
einige andere Sachen mit dem Färbemittel, das sie aus den Sonnenblumen-
kernen hergestellt hatten. Das ergab eine graue Färbung. Die Hagebuttenlö-
sung wurde ebenfalls ausprobiert. Sie färbte den Stoff blaßgelb.
Einige Kinder begannen nun plötzlich, in leere Bonbongläser zu sprechen
und waren vom Klang ihrer Stimmen fasziniert und amüsiert. Sie entdeckten,
daß die anderen sie nicht verstehen konnten, wenn sie den Mund dicht an die
Glasöffnung brachten und den Rest der Öffnung mit der Hand zuhielten,
selbst wenn sie dicht daneben standen. Paul sprach in sein Glas hinein, legte
schnell den Deckel darüber und sagte: „Jetzt habe ich alle meine Worte da-
drin."

Töne

Sieben Kinder begannen mit folgenden Instrumenten zu spielen:
- Musikinstrumente, z.B. Trommeln, Xylophone, Triangeln
- ein Flaschenxylophon
- Schlaginstrumente aus verschiedenen Materialien, z.B. Holz, Metall
- Gefäße in den unterschiedlichsten Formen und Größen aus verschiedenem Material, z.B. Plastik, Glas, Metall, Pappe
- Holzstückchen
- Bohnen, Erbsen, Reis, Weizen, Hafer, Sand, Kieselsteine
- Küchenwaagen und Gewichte

Nachdem sie damit einige Tage gespielt hatten, klopfte die Lehrerin auf zwei Gefäße, von denen das eine einen hohen, das andere einen tiefen Ton von sich gab. Die Kinder lauschten. Dann fragte die Lehrerin, ob sie glaubten, daß sie von anderen Gefäßen unterschiedliche Töne erhalten würden. Sie begannen, die Gefäße zu vergleichen, indem sie auf jedes mit Trommelstöcken oder anderen Schlaginstrumenten schlugen.
Später schüttete die Lehrerin Kieselsteine in ein Kästchen und schüttelte es. Die Kinder hörten zu und versuchten es selbst. Bald schütteten sie andere Dinge wie Erbsen, Sand oder Hafer in Behälter und schüttelten diese, um zu hören, ob es einen tiefen oder hohen Ton gäbe.
Juliet wählte zwei gleiche Plastikgläser und schüttete Linsen in das eine und Reis in das andere Glas. Sie zeigte sie der Lehrerin und sagte, indem sie die Linsen schüttelte: „Das ist ein hoher Ton" und sang ihn. Dann sagte sie: „Und das ist ein tiefer Ton" und sang ihn ebenfalls.
Alan B. versuchte, in ein Gefäß zweimal soviel zu tun wie in ein anderes. Er wog zwei Unzen Erbsen und eine Unze Weizen ab und schüttete sie in gleiche Glasgefäße.
Viele Kombinationen wurden ausprobiert, und die Kinder erfanden Ratespiele. Einer schüttelte einen Behälter, und die anderen mußten den Inhalt erraten. Solange sie die Namen der Gegenstände noch nicht behalten hatten, antworteten sie, indem sie das Glas berührten, das das enthielt, was sie zu erraten glaubten. Bei einem anderen Spiel zeigten sie einem Schüler zwei Gläser, der dann raten mußte, welches den höheren Ton geben würde. Dann schüttelten sie das Glas, um zu zeigen, ob die Antwort richtig oder falsch war.
Es kam den Kindern nicht in den Sinn, die Tonhöhe mit Faktoren wie Form und Beschaffenheit der Behälter oder Art und Menge des Inhalts in Verbindung zu bringen. Sie schütteten Sand in ein Gefäß und erzählten der Lehrerin, daß dadurch ein hoher Ton entstehe. Sie fragte die Kinder, ob sie den

Grund wüßten. „Weil es weich ist", war Susans Antwort, Martin hingegen meinte: „Weil es klein ist." Sharon sagte: „Weil es leicht ist." Hier zeigte sich einmal deutlich die Schwierigkeit, vom Gebrauch der Sprache auf das Verständnis zu schließen. Meinte Sharon nun, daß die einzelnen Sandkörner „leicht" (light) vom Gewicht her waren, meinte sie den Farbbegriff „hell" (light) oder meinte sie, daß eine bestimmte Menge Sand „leicht" war im Verhältnis zu einer, sagen wir, gleichen Menge Wasser?

Die Lehrerin war ständig bemüht herauszufinden, was die Kinder auszudrükken versuchten. In diesem Fall hatte Sharon das Gewicht der einzelnen Sandkörner gemeint. Die Lehrerin mußte aber feststellen, daß die ganze Gruppe glaubte, auch ein mit Sand gefüllter Eimer müsse leicht sein. Sie half ihnen daher, einen Eimer zuerst zur Hälfte mit Sand zu füllen und dann nacheinander mit Papier, Wasser, Blättern, Holz und Pappe. Die Kinder hoben den Eimer jedesmal hoch und erklärten schließlich, daß der Sand am schwersten sei. Als Martin sagte, daß nasser Sand ein noch größeres Gewicht habe, probierten sie auch das aus. Es machte ihnen Spaß, den Eimer zu füllen und hochzuheben. Noch viel besser allerdings fanden sie es, den nassen Sand auszukippen. Den Rest des Morgens verbrachten sie damit, mit dem nassen Sand zu spielen und Sandkuchen zu backen.

Die Lehrerin hing ein Sortiment von Kannen auf, dazu eine Seemuschel, eine halbe Kokusnußschale, ein Becken und einen Triangel. Außerdem baute sie ein Flaschenxylophon auf und besorgte ein Sortiment Schlagstöcke. Die Kinder spielten eine ganze Weile mit dem Flaschenxylophon und schienen Gefallen am Klang der Töne zu finden. Zwei Kinder gossen noch mehr Wasser in einige der Flaschen oder kippten aus anderen etwas Wasser aus. Von der Veränderung des Tones aber nahmen sie anscheinend keine Notiz, jedenfalls sagten sie nichts darüber. An den Kannen, der Muschel und der Kokusnuß zeigten sie wenig Interesse. Sie rührten sie kaum an, sondern interessierten sich mehr für den Klang des Beckens und des Triangels. Auch einige Gitarren mit einer Saite, die die Lehrerin angefertigt hatte, beachteten sie nicht.

Charles verursachte große Aufregung, als er ein Streichholzschachtelradio, das sein älterer Bruder gebastelt hatte, mit zur Schule brachte (Abb. 18). Die Jungen wollten es ausprobieren. Als die Lehrerin fragte, ob sie nicht selber eines bauen wollten, stimmten alle zu. Sie besorgte Schnur, Streichholzschachteln und die anderen wichtigen Materialien und überließ die Jungen sich selbst, während sie den Mädchen bei der Zusammenstellung einer Collage half. Die Jungen waren vollständig von ihrer Arbeit in Anspruch genommen. Diejenigen, die mit ihrem „Radio" zuerst fertig waren, probierten es aus und halfen dann denen, die beim Basteln Schwierigkeiten hatten. Bis

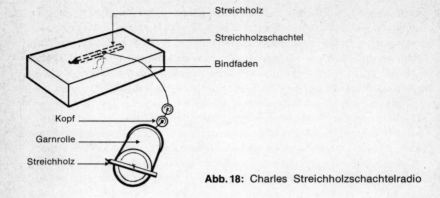

Streichholz

Streichholzschachtel

Bindfaden

Kopf

Garnrolle

Streichholz

Abb. 18: Charles Streichholzschachtelradio

zur Pause besaß fast jeder Junge ein „Radio". Nach der Pause testeten sie die Radios, indem sie die Mädchen zuhören ließen. Die Töne wurden auf folgende Weise erzeugt:

1. die Streichholzschachtel mit dem Fingernagel anknipsen
2. die Schnur mit der Garnrolle in der Mitte schwingen lassen und dann strammziehen (Flugzeuggeräusch)
3. die Garnrolle auf der Schnur auf und ab rollen (Säge)
4. die Schnur mit dem Fingernagel zupfen (Gitarre)

Sie waren über die Lautstärke, die der Hörer hervorbrachte (Streichholzschachtel), erstaunt, obwohl niemand, selbst wenn er noch so dicht danebenstand, etwas hören konnte.

Ein Hamster

Die Kinder bekamen ihren Hamster in der vierten Woche des Trimesters. Während der ersten drei Wochen hatte ihnen Jill fortwährend über ihren zahmen Hamster, der Junge geworfen hatte, erzählt. Dann bot ihre Mutter ihnen ein Hamsterjunges an, und die Lehrerin akzeptierte es. Jill brachte es am nächsten Morgen mit, während die Lehrerin einen Käfig besorgte. Einige Kinder halfen ihr, Sägemehl, Futter, Streu und Wasser hineinzutun. Dann stellten sie ihn auf einen Tisch, wo ihn jeder sehen konnte. Die Lehrerin bat

60

zuerst alle, ruhig zu sein, um den Hamster nicht zu erschrecken; dann setzte sie ihn in den Käfig. Es herrschte absolute Ruhe. Die Kinder sahen fasziniert zu, wie er an dem Futter schnupperte. Als er sich zum Fressen aufrichtete, hörte man einen schweren Atemzug. „Er ist wie eine Fee," sagte ein Mädchen. Daraufhin begannen auch andere Kinder, Bemerkungen zu machen und Fragen zu stellen, z. B.:

„Ist er nicht süß?"
„Ich mag ihn."
„Ob er uns mag?"
„Dürfen wir ihn anfassen?"
„Was frißt er da?"
„Wofür ist das Rad?"
„Wie heißt er?"

Sie diskutierten ihre Fragen. Die Lehrerin erklärte, daß der Hamster noch zu ängstlich sei, um sich anfassen zu lassen, aber wenn er sich beruhigt habe, könnten sie es versuchen. Einige Jungen wußten, daß das Rad zum Laufen diente. Der Hamster begann, sich zu putzen. Das brachte die Kinder zum Lachen, worauf er sich schnell in einer Käfigecke verkroch. Die Kinder unterhielten sich über sein Alter, seine Farbe und sein Futter. Katy bestand darauf, ihm in der Pause etwas von ihrer Milch abzugeben. Jeden Tag blieb mindestens ein Kind neben dem Käfig stehen, um zu beobachten. Später beschlossen sie, dem Hamster einen Namen zu geben. Es wurden nur Jungennamen vorgeschlagen, und durch Mehrheitsbeschluß erhielt er den Namen „Bobby". Die Lehrerin forderte die Kinder auf, Bobby zu beschreiben:

„Er ist nett."
„Er ist klein."
„Ich glaube, er will zu seiner Mutti."
„Er ist weich und kuschelig."
„Ich glaube, er ist ein fauler Hamster."
„Er ist flaumig."

Die Lehrerin wählte einen Satz aus, schrieb ihn an die Tafel und die Kinder übertrugen ihn in ihre Hefte und malten ein Bild dazu. Dann kamen sie auf das Thema „flaumige Gegenstände", und die Lehrerin bat die Kinder, einige solcher Gegenstände mitzubringen. Nach kurzer Zeit hatte sich allerlei angesammelt: Watte, Federn, eine Puderquaste und eine Pelzbrosche (die beiden letzten Dinge hatte die Lehrerin beigesteuert). Alle Gegenstände wurden auf einem Tisch ausgelegt. Die Kinder faßten sie an, befühlten sie sorgfältig und sprachen darüber.

Eine Unterhaltung über den jungen Hamster entwickelte sich zu einem Gespräch über Babys. Die Kinder erzählten, was mit ihren kleinen Geschwistern geschieht, wenn sie zur Vorsorgeuntersuchung in die Klinik gebracht werden. Sie erwähnten dabei, man wiege sie dort. Daraufhin schlug die Lehrerin vor, auch Bobby einmal zu wiegen. Die Kinder schrieen vor Lachen:

> Man kann einen Hamster nicht wiegen!
> Er bleibt nicht auf der Waage.

Mit Hilfe von zwei Kindern setzte die Lehrerin Bobby auf die Waage. Sie legten ihr kleinstes Gewicht, eine Unze, in die Waagschale, aber der Hamster war leichter. Die Kinder faßten das Gewicht an und konnten kaum glauben, daß Bobby nicht soviel wog.

> Vielleicht ist die Waage kaputt?
> Die Waage klemmt.

Die Lehrerin hob einige Holzwürfel hoch und fragte, ob man sie zum Wiegen des Hamsters benutzen könne. Die Kinder zweifelten daran, aber sie versuchten es. Bei sechs Klötzen senkte sich die Waagschale. Mehrere Kinder interessierten sich für das Wiegen des Hamsters und wogen ihn zweimal in der Woche. Auf Vorschlag der Lehrerin stapelten sie die benutzten Klötze jedesmal zu einer Säule und stellten sie neben die Säule vom letzten Wiegen. Auf diese Weise hielten sie die Ergebnisse fest. Da die Säulen leicht umfielen, befestigte die Lehrerin stabile Drähte in einem weichen Holzbrett, und die Kinder steckten die Würfel darauf.
Die Würfel wurden dann zum Wiegen benötigt, und die Lehrerin zeigte ihnen deshalb, wie man Ergebnisse ohne sie festhält. Aus gummiertem Buntpapier schnitten die Kinder Quadrate aus und klebten diese in Säulen auf eine Tabelle. Ein Quadrat stand jeweils anstelle eines Würfels. Auf diese Weise entstand ihr erstes Blockdiagramm.
Als der Hamster eines Tages gerade gewogen wurde, krabbelte er aus der Waagschale heraus und kletterte in die gegenüberliegende. Die Kinder erklärten, daß er in dieser Schale nicht gewogen werden könne und waren überrascht, daß es doch ging. Bis zu diesem Zeitpunkt war der Lehrerin nicht aufgefallen, daß sie ihn immer in derselben Schale gewogen hatten.
Den Vorschlag der Lehrerin, die Länge des Hamsters zu messen, hielten die Kinder für eine merkwürdige Idee. Auf ihre Frage, für wie lang sie ihn hielten, meinten sie:

> „10 feet"
> „27 inches"
> „20 feet"
> „19 feet" usw.

Daraufhin setzten sie den Hamster auf ein Lineal und fanden heraus, daß er 3 inches lang war. Sie hielten es für leichter, ihn mit Bindfaden zu messen. Aber er begann, an dem Bindfaden zu knabbern, deshalb gaben sie dies auf. Um ihnen die Beobachtung des Wachstums zu erleichtern, fertigte die Lehrerin eine große Wachstums-Tabelle an. Die Kinder schnitten Bindfadenstücke von der Länge des Hamsters, und indem sie um den Hamster herum zeichneten, entstanden Silhouetten, die sie dann ausschnitten. Zweimal in der Woche wurden Eintragungen vorgenommen. Fast alle Kinder interessierten sich für das, was der Hamster fraß. Sie brachten Gemüse von zu Hause mit und paßten auf, was er davon nahm. Auf Vorschlag der Lehrerin legten sie eine Mohrrübe in eine Tasse mit Wasser, damit Blätter zum Fressen für den Hamster wüchsen. Sie sortierten die Bestandteile von handelsüblichem Hamsterfutter auseinander und füllten sie einzeln in kleine Schüsselchen. Die Behälter wurden etikettiert, damit man später feststellen konnte, was der Hamster mochte und was er übrig ließ. In ähnlicher Weise verfuhren sie mit Futter, das sie von zu Hause für ihn mitgebracht hatten. Nachdem sie ihn beim Fressen beobachtet hatten, entschieden sie darüber, was er mochte. Z. B. dachten sie, er bevorzuge Maiskörner, „weil er sie schnell zerkaut und in seine Backentaschen stopft". Sie stellten auch Vermutungen über die Futtermenge insgesamt an, die das Tier fraß, und versuchten, verschiedene Mengen des Hamsterfutters (gemischtes Korn) in seine Schüssel zu tun, um das herauszufinden. Er schien ungefähr einen Teelöffel voll in 24 Stunden zu fressen. Deshalb schütteten sie diese Menge in ein Glas, und die Lehrerin stellte ein Schild daneben: „Bobby frißt einen Teelöffel voll pro Tag." Sie rechneten aus, daß er sieben pro Woche fressen würde und zeigten das in einem anderen Glas an. Die Kinder staunten über diese Menge, weil sie ihnen für solch ein kleines Tier viel zu groß erschien. Als dann der Hamster acht Wochen alt war, fanden zwei Kinder beim Reinigen des Käfigs einen Futtervorrat. Das kommentierten sie so:

„Er frißt nicht einen Löffel voll pro Tag. Es ist fast· noch alles hier."

„Na ja! Das macht nichts. Es ist das gleiche wie mit seinen Backentaschen."

„Er hat nicht richtig gefressen, was da drin ist. Das macht er bloß, um es wie in einer Tasche zu tragen."

„Ich nehme an, er wird manchmal davon fressen."

„Natürlich macht er das. Ich habe ihn danach kratzen sehen und dann fressen."

Daß ihre Schätzung von einem Löffel voll pro Tag nicht genau war, beunruhigte sie nicht weiter.

Manchmal erzählte die Lehrerin den Kindern über das Leben von Hamstern in der freien Natur, aber sie zeigten kaum Interesse. Allerdings waren sie von einer Geschichte über einen Goldhamster gefesselt, die die Lehrerin ihnen vorlas. Die Lehrerin führte das Interesse an dieser Geschichte darauf zurück, daß sie die Gefühle über den Hamster so treffend wiedergab:

> „Er sagt, er will nichts mehr."
>
> „Er denkt, er ist im Zirkus."
>
> „Drück ihn nicht so, er wird weinen."

Zur Zeit des Schul-Erntedankfestes sprachen die Kinder über Getreide. Dabei erwähnte die Lehrerin, daß man nicht die gesamte Ernte des Bauern verbrauche, sondern einen Teil für die Aussaat im nächsten Jahr aufbewahre. Martin fragte: „Wächst das Korn im Hamsterfutter auch?" Um das herauszufinden, testete eine Gruppe von Kindern Samen aus dem Futterpaket. Ihre Saat wässerten sie so übermäßig, daß die Lehrerin annahm, sie würde nicht keimen. Sie widerstand jedoch der Versuchung einzugreifen und schlug statt dessen vor anzuzeigen, welche Samensorte in jeder Schüssel war. Zu diesem Zweck klebten sie jeweils einen Samenkern außen an die Schüssel. Die Samen keimten, und sie wurden jeden Tag gegossen und begutachtet. Die Sonnenblumen erregten am meisten Aufmerksamkeit, weil sie wie „aus der Erde geschossen" kamen. Nachdem sie eine Höhe von ungefähr 4 *inches* erreicht hatten, gingen sie jedoch ein. Die Lehrerin wartete auf Bemerkungen, aber die Kinder schienen diese Tatsache zu akzeptieren, ohne nach dem Grund zu fragen. Sie ließ die verdorrten Sämlinge stehen und bemerkte, daß die Kinder beim Aufräumen keinen Versuch machten, sie wegzuwerfen. Als die Lehrerin ihnen etliche Tage später das Gleichnis von Sämann erzählte und über die Samen sprach, die auf steinigen Boden fielen, wurde sie von Mark unterbrochen: „Das ist es also, was mit unserem Samen nicht stimmt."

> Lehrerin: „Wie meinst du das?"
>
> Alan (bevor Mark sprechen konnte): „Na, die Erde ist zu dünn." (Es handelte sich um relativ flache Schüsseln.)
>
> David: „Und sie ist viel zu hart und steinig." (Die Erde war sehr lehmhaltig und ziemlich hart.)
>
> Mark: „Und die Sonne scheint heiß hierdrin."

Daraufhin wurden weitere Samen ausgesät. Diesmal sorgten die Kinder aber für große Blumentöpfe und für gute Erde. Die Pflanzen wuchsen gut, und die Kinder verfolgten das Wachstum mit großem Interesse.

Die Lehrerin stellte den Kindern eine neue Waage zur Verfügung. Sie war weiß, und einige Mädchen bemerkten:

> „Sie sieht wie eine Baby-Waage aus."
>
> „Sie sieht aus wie die Waagen im Krankenhaus."
>
> „Wir könnten alle Puppen auf ihr wiegen."

64

Sie besorgten sich Puppenbetten und liehen von den Kindern, die gerade mit Farbe arbeiteten, Pipetten und gefärbte „Medizin". Ein Mädchen brachte eine Spielzeug-Spritze von zu Hause mit. Dann entwarfen sie aus Materialien, die sie der Stoffkiste entnommen hatten, Schwesternkleidung und das Krankenhaus war fertig. Die „Schwestern" wogen jedes „Baby", gaben ihm eine Spritze und betupften es mit Watte. Sie träufelten auch Tropfen in Augen, Nasen und Ohren. Dann wickelten sie das Baby in einen Schal und legten es in ein Puppenbett, damit es sich ausruhe, während die „Mütter" eine Tasse Tee tranken.

Als immer mehr Puppen von zu Hause mitgebracht wurden, schlug die Lehrerin vor, jede zu wiegen und das Gewicht aufzuzeichnen. Sie griffen diesen Vorschlag begeistert auf und Lesley fragte: „Können wir eine Tabelle wie bei Bobby machen?" So wogen sie jede Puppe mit Klötzen und zeigten ihr Gewicht auf einer Tabelle an. Sie schrieben die Namen der Puppen an der Seite auf, dann schnitten sie Quadrate aus gummiertem Buntpapier aus und klebten sie in Reihen auf, ein Quadrat für jeden Würfel.

Zwei oder drei Wochen lang, gegen Ende des Trimesters, blieb die Länge des Hamsters bei 5½ inch und sein Gewicht bei 19 Klötzen. Die Kinder schienen mit den 5½ inch zufrieden zu sein, aber viele wünschten, daß er ein Gewicht von 20 Klötzen erreichen sollte. Die Lehrerin schrieb: „Es war fast wie ein Spiel mit dem Gefühl der Verzweiflung, es müssen 20 Klötze erreicht werden. Sogar ich wurde von diesem Gefühl erfaßt und stellte plötzlich fest, daß wir Bobby jeden Tag anstatt wie üblich zweimal in der Woche wogen." Als er zwölf Wochen alt war, wog der Hamster 20 Klötze. Die Aufregung war groß, und die Kinder beeilten sich, 20 Klötze auf einen Draht zu stecken und 20 Quadrate auf die Tabelle zu kleben.

Das ganze Trimester hindurch hatten die Kinder den Hamster genau beobachtet und sich für alles, war er tat, interessiert. Ihr zunehmendes Wissen und Interesse fand in den verschiedensten Formen ihren Ausdruck. Sie unterhielten sich sehr oft über den Hamster und malten Bilder von ihm. In gleichem Maße, wie ihre Fertigkeit im Schreiben zunahm, versahen sie ihre Bilder mit einem längeren Text, und viele Tabellen zeigten, wie scharf sie beobachteten. Z. B.: „Seine Schnurrbarthaare zucken und zwinkern die ganze Zeit." Die Kinder, die den Hamster in Ton modellierten, bildeten ihn in Originalgröße ab, sogar als die Lehrerin sie ermutigte, größere Modelle anzufertigen. Sie drückten auch einige seiner Stellungen und Bewegungen in ihren Turnstunden aus, z. B.: Sich zum Schlafen zusammenrollen, waschen, die Leiter hinaufklettern und an den Käfigstangen entlangklettern.

Abb. 19

Über Farben und Töne, aber hauptsächlich über einen Hamster

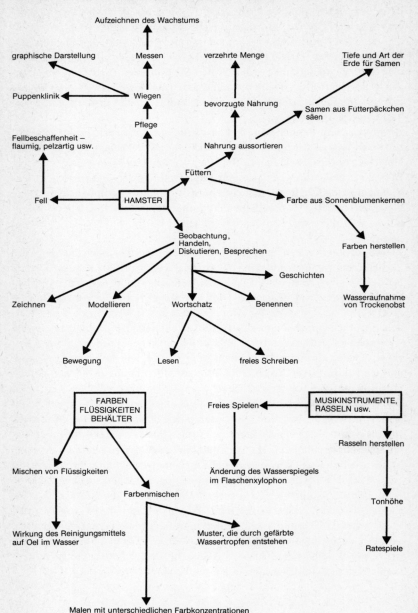

Knochen

Alter	6–7 Jahre, in Fähigkeiten und Leistungen heterogen zusammengesetzt
Klassenstärke	41 Jungen und Mädchen
Gesamtschülerzahl	240
Zeit	Frühling
Gebäude	1964 gebaut, einstöckiges Backsteingebäude moderner Bauart, keine Korridore, die Klassenräume gehen von einer großen, quadratischen Mehrzweckhalle aus, jeweils zwei Klassenzimmer sind miteinander verbunden
Klassenzimmer	freundlich, Fenster an beiden Seiten mit niedrigen Arbeitstischen und Schränken darunter Toiletten, Waschbecken mit kaltem und heißem Wasser und ein Aufbewahrungsraum; kleiner Vorraum mit Hobelbank, ein Tisch für Pflanzen und eine Tür, die auf den Spielplatz führt
Umgebung der Schule	von großen, offenen Spielflächen umgeben, Rasen, Sportplätze (die von der Junior School mitbenutzt werden)
Geographische Lage	neue Wohnsiedlung, die Bewohner kommen aus einem Sanierungsgebiet einer großen Industriestadt im Nordwesten Englands; die Siedlung grenzt an landwirtschaftlich genutztes Gebiet

Im allgemeinen ist das Interesse von Kindern nicht sehr beständig. Trotzdem kommt es bisweilen vor, daß sie ziemlich lange bei einer Beschäftigung bleiben, – sei es allein oder in der Gruppe.

Genau das geschah auch bei unserer Arbeit zum Thema „Knochen", die mit der Untersuchung von einigen Hühnerknochen nach Weihnachten begann und ihren Höhepunkt einige Monate später mit der Herstellung eines lebensgroßen Modells des menschlichen Skeletts erreichte. Die Leistung dieser Gruppe war auf das besondere Interesse einiger Kinder zurückzuführen.

Gleich nach Ostern legte die Lehrerin die Hühnerknochen auf einem Tisch in der Halle aus. Andere Knochen, die die Schüler, Lehrer und Angestellten der Schule mitbrachten, kamen hinzu, und so wurde die Sammlung schnell größer. Sie enthielt Brust- und Flügelknochen von Enten und Hühnern sowie verschiedene Beinknochen; Brustkorb und Schulterblätter eines Kaninchens; Reste eines Sonntagsbratens: Lammschulter, Schinkenknochen, Rinder- und Schweineknochen etc. und einen fein gesäuberten Schafskopf, der noch einen vollständigen Kiefer enthielt.

Das „Knochentablett" wurde die Hauptattraktion. Immer waren Gruppen von Kindern damit beschäftigt, die Knochen zu befühlen, sie zu benennen und Teile von ihnen zusammenzusetzen. Sie suchten in Büchern nach Abbildungen von Skeletten aller Art, auch solchen von prähistorischen Tieren. Von einem benachbarten College liehen sie sich die vollständigen Skelette einer Taube, eines Hasen und einer Schlange aus. Die Kinder legten sie neben das „Tablett" und fanden bald heraus, wohin die einzelnen Knochen gehörten. Sie waren erstaunt über die Zierlichkeit des Vogelskeletts. Vor Weihnachten hatten sie sich sehr für das Verhalten der verschiedenen Vögel, die an ihr Vogelhaus kamen, interessiert. Die Spannweite der Möwenflügel und die Größe der Saatkrähe beeindruckte sie besonders. Sie meinten: „Sie sieht zu fett aus, um fliegen zu können". Es folgte eine Reihe von Experimenten mit Federn, Vogelflügeln, leichten und schweren Dingen, um herauszufinden, was niederschwebt und was geradewegs herunterfällt.

Die Erfahrungen mit Federn führten die Schüler zu dem Schluß, daß das Vogelskelett wegen seiner Zartheit viele Federn braucht, um den Vogel wieder etwas dick zu machen. Da die Federn so leicht sind, ist der Vogel auch nicht zu schwer zum Fliegen.

Es machte ihnen Spaß, die Größe der Knochen zu vergleichen, und bald fingen sie an, sie zu messen. Das Schienbein einer Kuh kam ihnen sehr schwer vor. Susan schlug vor, es zu wiegen. Das wurde auch getan (es wog 3 lbs, 12 oz). Dann meinte Susan: „Wir wollen mal den Beinknochen vom Hühnchen wiegen." Er wog 3 oz.

Die Lehrerin schlug vor, die Ergebnisse aufzuschreiben und zum „Knochentablett" in die Halle zu legen, damit auch andere Kinder es lesen könnten. Dies war der Anfang ihres Buches über Knochen. Es enthielt außerdem Zeichnungen von Knochen, die sie interessierten, sogar die eines vollständigen Kaninchenskeletts. Sie klebten auch Bilder ein und beschrifteten sie.

Einige frische Knochen, die sie vom Fleischer bekommen hatten, ermöglichten es ihnen herauszufinden, wie ein Gelenk funktioniert. Sie betrachteten und befühlten die glänzende, feuchte, samtweich erscheinende Oberfläche. Als Daniel sein Kaninchen mit in die Schule brachte, wurde das Skelett aus der Halle in die Klasse geholt. Die Schüler befühlten vorsichtig das Tier und lokalisierten danach die Knochen und Gelenke am Skelett. Der Lehrerin kam es darauf an, einen Zusammenhang zwischen den Skelettknochen und dem lebenden Tier herzustellen.

Einige Röntgenaufnahmen von verschiedenen Teilen des menschlichen Skeletts wurden neben das Tablett gelegt. Sie fanden sofort großes Interesse. Die Schüler hielten sie gegen eine Lampe oder gegen das Fenster. Sie identifizierten die Teile, indem sie ihren eigenen Körper und den ihrer Kameraden durch Betasten, Beugen, Bewegen und gegenseitiges Zeigen untersuchten.

Die Lehrerin förderte dieses Interesse, indem sie die Kinder, immer wenn sie tanzten oder sich sonst frei bewegten, auf die verschiedenen Bewegungen aufmerksam machte. Aus Stöcken stellten die Kinder Stockmännchen her. Diese hatten anfangs keine Gelenke; später aber nahmen die Kinder zwei Stäbe dazu.

Als ein Sack mit Holzabfällen in die Klasse gebracht und auf dem Boden ausgeleert wurde, fielen einigen Kindern die unterschiedlichen Formen der Holzstücke auf, und es gab lange Diskussionen darüber, was man alles daraus herstellen könne. „Ich werde daraus Pfeil und Bogen machen", sagte ein Schüler. „Sei nicht albern, das Stück läßt sich doch gar nicht biegen", sagte ein anderer. Daniel stakste herum, steif wie ein Besenstiel, und sagte: „Ich werde ein ‚Holzmännchen' daraus machen".

So geschah es. Beim Montieren des Kopfes auf den Körper zeigte er große Geschicklichkeit. Als das Männchen fertig war – mit Haar aus Schafswolle –, trennte sich Daniel kaum mehr von ihm.

Einige Zeit später brachte der Hausmeister mehrere lange Papprollen mit. Die Kinder sprangen auf ihnen herum, fingen dann aber an, sie in der Form eines Körpers in der Halle auszubreiten. Nachdem sie miteinander diskutiert hatten, schnitten sie die längeren Röhren in der Mitte durch und teilten so die Gliedmaße in einen oberen und einen unteren Knochen. Sie sprachen darüber, was sie als Wirbelsäule verwenden könnten (die Röhren ließen sich nicht biegen) und kamen dabei auf die Idee, große Perlen auf Schnüre zu ziehen. Stephen wandte jedoch ein, daß die Wirbel in der Größe unterschiedlich seien. Aus einer Schachtel mit allerlei Resten nahm er sich zunächst fünf Garnrollen heraus. Daraufhin setzte er seine Suche fort, bis er genügend Garnrollen und Holzperlen gefunden hatte, mit deren Größe er zufrieden war. Schließlich fädelte er die Garnrollen und Perlen der Größe nach auf einen Draht.

Heather und Christine wollten den Schädel machen, indem sie aus Eierkartons Pappmaché herstellten. Die Schüler hatten inzwischen eine dreidimensionale Vorstellung von ihrem Knochengerüst gewonnen und sahen es nicht als flaches, auf dem Boden ausgebreitetes Gebilde an. Zunächst wurden Gummibälle als Gelenke verwendet, aber dann für zu groß empfunden. Man kam auf Tischtennisbälle, die die Kinder in der Größe für geeigneter hielten. Anfangs bestand der untere Teil eines jeden Gliedmaßes aus nur einer Rolle. Nach einigen Besprechungen mit der Lehrerin, nach sorgfältigem Betasten der eigenen Knochen und nachdem sie sich nochmals Röntgenaufnahmen und Bücher angesehen hatten, waren die Kinder sicher, daß es zwei Knochen sein müßten. Sie versuchten, zwei Rollen zusammenzustecken. Das Ergebnis befriedigte sie aber nicht. Sie suchten deshalb nach kleineren Rollen und stellten sie, wenn nötig, selbst in der richtigen Größe her. Dazu nahmen sie dünne Pappe, die sie der Länge nach aufrollten und mit Tesakrepp umklebten. Vergeblich bemühten sie sich, aus Papier Hände und Füße anzufertigen. Die Lehrerin legte einige Lockenwickler aus Plastik in die Reste-Schachtel, wo sie auch bald von einigen Mädchen entdeckt wurden. Sie verstanden es großartig, Hände und Füße mit Gelenken herzustellen, indem sie die Lockenwickler aus Plastik durchschnitten und sie mit feinem Draht wieder zusammenfügten.

Als die Kinder mit der Konstruktion des Schädels begannen, malten sie den Unterkiefer einfach auf, so daß er nicht beweglich war. Aber nachdem sie darüber gesprochen und sich nochmals den Schafskopf auf dem „Knochentablett" in der Halle angesehen hatten, bauten sie einen eigenen Unterkiefer und hängten ihn an den Schädel an.

Dann machten sich die Jungen an den Brustkorb. Sie verwendeten dazu dikken Draht, den sie vorn am Brustbein aus Pappe anbrachten und bis nach hinten zur Wirbelsäule führten. Daß die Rippen frei beweglich sind, hatten sie aus den Röntgenaufnahmen entnommen und waren dadurch zu ihrer Konstruktion angeregt worden.

Die Arbeit machte den Kindern großen Spaß, obwohl sie viel Fleiß und Konzentration für die selbstgestellte Aufgabe aufbringen mußten. Zum Schluß konnte ihr Skelett Twist tanzen, sitzen, stehen und sich beugen, kurz, viele Bewegungen ausführen, die die Kinder auch konnten.

Rasen

Alter	6–7 Jahre, in Fähigkeiten und Leistungen heterogen zusammengesetzt
Klassenstärke	35 Jungen und Mädchen
Gesamtschülerzahl	285
Zeit	Sommer
Gebäude	altes Landhaus, das an ein Wäldchen angrenzt; moderne Anbauten
Klassenzimmer	geräumiger, gut ausgestatteter, luftiger Raum mit Fenstern an zwei Seiten; freistehende Ausstellungsflächen (Raumteiler) sind so angeordnet, daß sie verschiedene Interessen- und Aktivitätszentren zulassen
Umgebung der Schule	in der Nähe Spiel- und Sportgelände; die Schule liegt mitten in einer großen Siedlung, die nach dem Krieg erbaut wurde
Geographische Lage	in den Midlands, ungefähr drei Meilen vom Zentrum einer wohlhabenden Stadt mit Leichtindustrie entfernt

Während alle Kinder auf dem Rasen saßen, forderte die Lehrerin sie auf, sich einmal umzuschauen. „Sitzen wir nur auf Gras?", war ihre einleitende Frage. Aus dieser Frage ergab sich eine Arbeit, die die Kinder in den nächsten fünf Wochen in die verschiedensten Richtungen führte. Innerhalb dieses Zeitraums verhielt sich die Klasse so, wie man es von jeder lebendigen Klasse dieser Altersstufe erwartet. Einige Kinder beschäftigten sich mit dem Rasen oder mit Fragen, die damit im Zusammenhang standen, die übrigen kümmerten sich nicht darum und folgten anderen Interessen.

Auf die Frage der Lehrerin antworteten einige Kinder:

„Wir sitzen nicht nur auf Gras, sondern auch auf Unkraut." Richard stellte fest, daß einige Unkrautpflanzen einzeln, andere in Büscheln wuchsen. Nach Meinung der Zwillinge und Terrys gab es mehr Büschel am Rande des Rasens und in der Nähe der Schultore, aber nur wenige direkt auf dem Rasen selbst. Unkraut war Wegerich. Die Zwillinge, David und andere versuchten zu ergründen, warum er so verteilt war.

„Der Wegerich ist dort, wo wir am häufigsten hintreten."

„Drauftreten macht das Gras kaputt."

„Samen fallen auf den nackten Boden."

„Wegerich wächst am besten auf nacktem Boden."

„Der Wegerich erstickt alle jungen Gräser."

Ob das nun stimmt oder nicht, ist nicht so wichtig. Was zählt, ist die Suche nach einer vernünftigen Antwort.

Die Lehrerin bestärkte die Kinder in ihrem Wunsch, Unkrautpflanzen zu sammeln. Daraufhin wurde in der Klasse ein Herbarium eingerichtet. Innerhalb von zehn Tagen hatten die Kinder mit Hilfe von Bildern, die sie mit ihren gesammelten Exemplaren verglichen, mindestens acht häufig vorkommende Unkrautpflanzen richtig erkannt und mit Namen versehen. Neil konnte weder lesen noch schreiben, doch konnte er den Weißklee identifizieren und seine Häufigkeit zählen. Nach einem Monat war er in der Lage, das Wort zu lesen.

Zufällig beobachtete ein Kind, wie jemand beim Auszählen auf dem Unkraut stand. Das führte zu einem Wettbewerb zwischen den Kindern mit dem Ziel herauszufinden, wer das meiste Unkraut bedecken könne. Bei dieser Gelegenheit schlug die Lehrerin ihnen vor, einmal die Gesamtzahl der Unkrautpflanzen auf dem kleinen Rasenplatz (etwa 40 yards im Quadrat) zu bestimmen. Es war interessant, wie zu erst ein Kind, dann noch ein weiteres erkannte, daß es notwendig war, das Zählen zu organisieren, um überhaupt ein Ergebnis zu erhalten. Bis zu diesem Zeitpunkt herrschte ein völliges Durcheinander. Als jemand begriff, daß irgendwo eine Grenze gezogen werden müsse, gab es wieder eine ziemliche Verwirrung. Die Kinder riefen „Ich weiß, was wir machen müssen!", und dann folgten eine Reihe von Lösungsvorschlägen. Die Lehrerin besprach das Problem ausführlich mit den Kindern. Schließlich wurde einstimmig entschieden, den Rasen, ohne etwas auszulassen, in einzelne in Form und Größe identische Abschnitte aufzuteilen. Nachdem man für die Form der einzelnen Abschnitte das gleichseitige Dreieck, das Rechteck, den Kreis und das Sechseck in Erwägung gezogen hatte, entschied die Klasse, das Rasenstück in Rechtecke aufzuteilen, da sich diese Form am leichtesten abtragen lasse. Als Trennlinien zwischen den einzelnen Rechtecken wurden erst Papier, Stoff, Pappe und Holz vorgeschlagen, bis David auf den Gedanken kam, Schnur zu verwenden. Elizabeth machte den Vorschlag, den Rasen in squareyards aufzuteilen.

Mit Hilfe der Lehrerin führten sie ihr Unternehmen dann durch. Eine Gruppe von drei Kindern fragte, wieviel Zeit Unkrautsamen zum Keimen brauche. „Wenn wir in der nächsten Woche zählen, werden einige Samen schon Unkrautpflanzen sein", sagte einer von ihnen. Daraus ergab sich ein neues Problem: wie sollte man sein eigenes Quadrat wiederfinden, so daß die nächste Zählung an der richtigen Stelle vorgenommen werden konnte. Von den vielen vorgeschlagenen Lösungen war Timothys am akzeptabelsten: „Schreib deinen Namen auf ein Stück Papier und stecke den Zettel an einen Pflock in dein eigenes Quadrat!"

Schließlich zeigte ihnen die Lehrerin, wie man eine Matrix mit Zahlen in der

Waagerechten und Buchstaben in der Senkrechten zeichnet. Die Kinder wollten jeder Spalte eine Farbe geben. Dies wurde in der Diskussion verworfen, weil farbiges Papier schon an den eingetöpften Unkrautpflanzen befestigt war, um das Erkennen zu erleichtern. Einige Kinder schrieben die Namen der Unkrautpflanzen auf, während andere die den Pflanzen zugeordneten Farben notierten.

Timothy, Christopher und David konnten von jeder Pflanzenart die Anzahl bestimmen, während Neil, Tony und andere jeweils einem Quadrat auf dem Papier eine Unkrautpflanze zuordneten. Trotzdem wußten alle Kinder, weil sie die Höhe der Säulendiagramme miteinander vergleichen konnten, welches Unkraut am häufigsten, welches am seltensten auftrat.

David B. schrieb: „Paul und ich machten ein Säulendiagramm von allen Unkrautpflanzen in 40 squareyards. Wir zählten 703 Kleepflanzen, 572 Wegeriche und 334 Schafgarben, 234 Gänseblümchen, 74 Butterblumen, 35 Habichtskräuter, 20 Löwenzahn, 18 Kreuzkräuter, 3 Hirtentäschel. Klee gab es am meisten und Hirtentäschel am wenigsten."

Für die Bestimmung der Unkrautarten wurden Bücher mit Bildern verwendet. Da diese Bilder oft von schlechter Qualität waren, hatten die Kinder dabei erhebliche Schwierigkeiten. Um das Gefundene beschreiben zu können, fertigten sie weitere graphische Darstellungen an. Daraus ergab sich eine Reihe von Gesprächen. Ein Auszug aus dem Bericht der Klassenlehrerin lautet:

„Vier Jungen fragten, ob sie einen Teil des Gebüsches haben und die Pflanzen abschneiden dürften, um zu sehen, was dabei passiert. Wir entschieden, daß wir vor dem Abschneiden alles aufzeichnen müßten, was in dem Teil wächst. Es war nicht leicht, das hohe Gras zu entfernen. Auch die Bestimmung machte hier Schwierigkeiten. Wir warteten daher noch ab, bis einige Pflanzen etwas größer geworden sind. Die Entdeckung einiger Baumsämlinge verursachte große Aufregung!

Andere Kinder, die beschlossen hatten, das Gras zu schneiden und dann erneut wachsen zu lassen, wurden plötzlich aufgeregt, als Blumen aufblühten, Hopfenklee, Weißklee und Rotklee. Ihre Beobachtung dauerte fünf Wochen. In dieser Zeit hatten sich auch diejenigen hinzugesellt, die anfänglich nicht so interessiert waren. Wie schon zuvor führten Zählen und Vergleichen zu graphischen und bildlichen Darstellungen.

Die vier Jungen, die sich mit dem Gebüsch beschäftigten, wählten ihren Teil absichtlich so, daß es einen alten Zweig enthielt. Auf dem Zweig fanden sie mehrere Ohrenkneifer, die – wie sie der Klasse mitteilten – mit dem Zweig vom Baum herabgefallen sein mußten.

Die ganze Klasse ging daraufhin mit Tüchern und Stöcken bewaffnet zu dem Gebüsch, um die Ohrenkneifer von den Ästen zu schlagen und zu fangen.

Nach zehn Minuten versammelten sich die Kinder wieder, um ihre Ausbeute zu betrachten: schwarze, grüne, gelbe, rote und braune Fliegen, Raupen, Ohrenkneifer, Motten und Spinnen. Am nächsten Tag wunderten sie sich, daß sie erst gegen eine ganze Anzahl von Bäumen schlagen mußten, bevor sie überhaupt ein Lebewesen entdeckten. Wohin waren sie verschwunden und warum? Einige Kinder meinten, daß sie nicht so stark wie gestern geschlagen hätten. Andere sagten, daß die Insekten gestern heruntergeschlagen worden wären und nicht genügend Zeit zum Zurückkrabbeln gehabt hätten. Ein Kind war der Meinung, der Wind habe es getan. Die Kinder vermuteten, die Tiere wären im Gras, unter der Baumrinde, unter Steinen oder auf der anderen Seite des Baumes. Jedoch machten sie keine Anstalten, ihre Behauptungen durch Versuche nachzuprüfen.

Die Lehrerin berichtet:
„Die Bücher, die uns zur Verfügung standen, waren keine große Hilfe. Durch die Arbeit lernte ich zwar mehr über Insekten, geriet aber gleichzeitig in Schwierigkeiten bei der Zuordnung. Käfer und Fliegen und sogar winzige Hüpfer erscheinen – selbst unter einem Vergrößerungsglas – fast identisch. Deshalb entschied ich, nicht übermäßig auf eine genaue Klassifizierung zu achten."

Hier sind einige Auszüge aus den schriftlichen Arbeiten der Kinder:

Tina: Ich fand 23 Hüpfer und eine Hüpfer-Mutter auf der Ulme.

Reejena: Ich sah einige Insekten Blätter hinaufkriechen und einen Ohrwurm und ein schwarzes Ding mit sechs Beinen

David: Ich sah die Ameisen sich mit ihren Fühlern unterhalten, und ich sah die Ameisen auf dem Apfelbaum die Blattläuse melken.

Terry: Ich fand eine kleine Stubenfliege in der Garderobe. Ihr Körper ist pelzig, ihre Beine sind es auch. Sie war tot. Sie ist schwer in einem Buch zu finden.

Belinda: Auf meinem Weg zur Schule sah ich einige Insekten einen Baum hinaufkrabbeln.

Zwei Mädchen bemerkten, daß dort, wo Insekten auf Blättern gefunden wurden, die Blätter an den Rändern eingerollt waren oder Löcher hatten. Dies löste eine weitere Welle der Begeisterung aus. Welche Blätter waren am stärksten befallen? Diese Frage wurde von der Lehrerin gestellt. Welche Blätter wurden von den Insekten gefressen? Dies war die Frage eines Kindes. Die Kinder versuchten, Antworten zu finden, aber entweder waren die Insekten zu klein und entwichen aus ihrem Behälter, oder die Blätter trockneten aus.

74

Abb. 20

Rasen

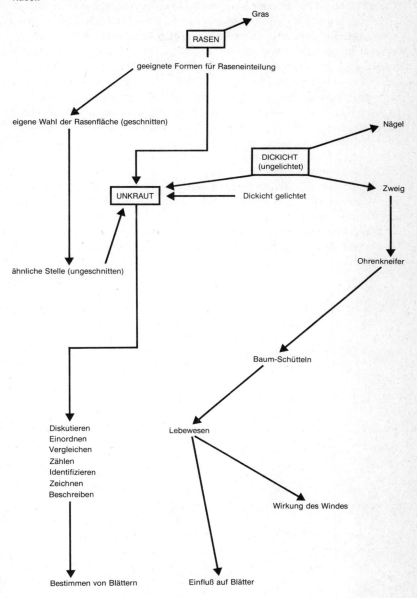

Während der gesamten Arbeit notierten die Kinder die wichtigsten Punkte. Die Unkrautpflanzen, die Lebewesen und zu einem geringeren Teil die Blätter wurden von Kind zu Kind verschieden geordnet, verglichen, gezählt, in bestimmter Form aufbewahrt und beschrieben. Kein Kind arbeitete bei allen Untersuchungen mit, aber jedes beteiligte sich auch ohne Anweisung der Lehrerin an irgendeiner Arbeit. Wenn auch die Unkrautpflanzen kein Interesse erregten, dann tat es doch die Aufteilung des Rasens oder die lustig gefärbten Fliegen oder „das schwarze Ding mit sechs Beinen" usw. Man merkte sofort den Zeitpunkt, an dem das Interesse ab- oder zunahm. Das Kind verschwand dann im Gebäude oder näherte sich der Lehrerin, um etwas zu sagen, zu fragen oder um ein neugelerntes Wort mitzuteilen. Wenn ein Kind interessiert war, wollte es gewöhnlich erzählen.

Ohne große Mühe gebrauchten die Kinder gerade gelernte Zahlen, so z. B., als Tina 23 Hüpfer notierte, Rejeena das sechsbeinige „schwarze Ding" sah und Belinda eine Geschichte folgendermaßen begann: „Blattlaus-Mutter und -Vater bekommen jeden Tag drei Babys, in zwei Tagen sechs Babys ... in zehn Tagen dreißig Babys." Die Beziehungen der Zahlen zueinander wurden wiederholt durch Diagramme verdeutlicht. Die Kinder interpretierten sie in einer Weise, die zeigte, daß sie diese Art der Darstellungsweise verstanden hatten.

Schall I

Alter	6–7 Jahre, in Fähigkeiten und Leistungen heterogen zusammengesetzt
Klassenstärke	35 Jungen und Mädchen
Gesamtschülerzahl	280 Schüler
Zeit	Sommer
Gebäude	altes Landhaus, das an ein Wäldchen angrenzt; moderne Anbauten
Klassenzimmer	großer, gut ausgestatteter, luftiger Raum; freistehende Ausstellungsflächen sind so angeordnet, daß getrennte Arbeitsbereiche entstehen
Umgebung der Schule	in der Nähe Spiel- und Sportgelände; die Schule liegt mitten in einer großen Siedlung, die nach dem Kriege gebaut wurde
Geographische Lage	in den Midlands, ungefähr drei Meilen vom Zentrum einer wohlhabenden Stadt mit Leichtindustrie entfernt

Mehrere Kinder machten in einer Ecke Musik. Sie spielten auf Medizinfläschchen, einer Milchflasche, einer Trommel, auf einigen Triangeln und auf einem Glockenspiel. Sie wußten bereits, daß man durch Anschlagen eines Gegenstandes Geräusche erzeugen kann. Auch hatten sie erkannt, daß man auf ein größeres Glockenspiel, eine größere Flasche oder auf eine teilweise mit Wasser gefüllte Flasche schlagen mußte, um die Tonhöhe zu verändern. Die Frage der Lehrerin, „Weshalb gibt das Xylophon verschiedenartige Töne, wenn doch alle Metallplättchen gleich lang sind?" führte zu unterschiedlichen Reaktionen.

Ein Teil der Gruppe zog sich zurück und war nicht wirklich interessiert. Einige Kinder schlugen Antworten vor, die aber von anderen abgelehnt wurden. Ein Beispiel dafür: „Jedes Plättchen hat einen anderen Buchstaben aufgedruckt, und damit ändert sich der Ton." Paul bewies, daß das nicht stimmen konnte; denn zwei der Plättchen waren mit einem C bedruckt und gaben dennoch unterschiedliche Töne.

Ein anderes Beispiel: „Manche der Plättchen sind dick und manche dünn." Timothy lehnte diese Erklärung ab; denn: „F und B sind die dicksten, und A und C sind die dünnsten." Eine intelligente Antwort, aber er konnte sie nicht weiter ausführen. Eine andere Idee, „die Farbe der Plättchen verändert den Ton", schien so unwahrscheinlich, daß niemand das Übermalen der Plättchen vorschlug, um diese Behauptung zu überprüfen.

Nur vier Kinder suchten aktiv eine Lösung für das Xylophonproblem.

Richard und Paul maßen jedes Plättchen und stellten fest, daß sie in Länge und Breite identisch waren. (Richard überprüfte die Diagonalen). Einer der beiden entdeckte kleine Kerben auf der Unterseite eines jeden Plättchens. Richard probierte, diese Einkerbungen mit dem Lineal zu messen, während Paul die Plättchen zu wiegen versuchte. Die Gewichte waren zu schwer; er nahm daher hölzerne Würfel. Diese erwiesen sich jedoch auch als zu schwer, und Erbsen konnte er nicht verwenden, „weil sie nicht alle gleich groß waren". So balancierte er schließlich ein Plättchen gegen das andere aus und stellte fest, daß sie alle unterschiedlich schwer waren.

Timothy nahm an, daß die Xylophonplättchen das gleiche Gewicht hatten, obwohl er selbst auf die unterschiedliche Plättchendicke gestoßen war. Möglicherweise glaubte er zu dieser Zeit noch, daß das Gewicht lediglich von zwei Dingen, nämlich der Länge und Breite, abhinge. Er demonstrierte dann, daß gleiche Gewichte verschiedene Töne erzeugen konnten. Dazu verwendete er zwei gleich große Medizinflaschen, wovon eine mit Wasser und die andere mit Sand gefüllt war. Er füllte andere Flaschen mit Sägemehl, Farbe, Erde und Seifenlösung, schlug sie der Reihe nach an und entschied, daß Flüssigkeiten denselben Ton erzeugen, feste Substanzen dagegen einen anderen. Nur wenige Kinder stimmten dem zu.

In der Zwischenzeit wurden weitere Instrumente, eine Geige, eine Pfeife, eine Flöte und eine Trommel mitgebracht, um eines zu finden, das eine Melodie spielte, ohne irgendwie verändert zu werden. Obgleich die Kinder keine alle befriedigende Lösung fanden, entdeckten sie doch, daß ein Ton erzeugt wurde, wenn etwas vibrierte. Paul benutzte zuerst das Wort „vibrieren". Einige Schwingungen konnte man klar erkennen, andere nur mit den Fingerspitzen fühlen. Die ganze Klasse wurde „vibrationsbewußt". Die Kinder schauten in ein Klavier hinein und sahen die Saiten vibrieren. Sie fühlten es sogar durch das Holz hindurch. Die Geige hatte im Gegensatz zum Klavier gleich lange aber verschieden starke Saiten.

Auch Plexiglas erzeugte einen Ton, wenn man daran kratzte, und vibrierte in der Hand. Geoffrey machte mit seinem Lineal ein Geräusch, und man sah, wie es vibrierte, als er es unter den Deckel des Arbeitstisches klemmte und anschlug. Rejeena stellte fest, daß ihre Nasenspitze beim Summen vibriert. Jede Flasche der von David und Geoffrey hergestellten Milchflaschen-Tonleiter vibrierte, wenn man sie anschlug. Paul und Richard bauten eine Fiedel mit einer Saite und fanden heraus, daß „sie am stärksten in der Mitte vibrierte", an welcher Stelle man auch immer zupfte. Sie verwendeten ein Lineal, um diese Entdeckung zu verifizieren.

Zwei Jungen gingen mit einer Stimmgabel im Klassenzimmer umher und berührten Gegenstände mit dem vibrierenden offenen Ende. Sie berichteten: „Die meisten Dinge kann man vibrieren lassen, nur bei weichen Stoffen geht es nicht." Mit Papier funktionierte es am besten, es gab Töne wie eine Biene von sich. Als die Lehrerin die beiden Jungen fragte, wodurch das Summen einer Biene zustande käme, meinten sie, daß die Flügel vibrierten. Paul machte mit einem langen Rohr ein pfeifendes Geräusch. „Je schneller ich es bewege, desto höher ist der Ton und um so mehr vibriert es", sagte er. Der Junge wußte aus Erfahrung (Kratzen auf Gegenständen, Öffnen einer quietschenden Tür, Lineal schwingen lassen, Blasen auf einem Kamm), daß die Tonhöhe mit der größeren Zahl der Schwingungen zunimmt. Die Zwillinge stellten plötzlich fest, daß Luft vibriert. „Ja, so muß es sein, denn als wir in die Flasche bliesen, vibrierte sie nicht. Es muß also die Luft sein, schließlich hören wir ja ein Geräusch." Später erklärten sie der Lehrerin, weshalb die Flöte unterschiedliche Töne erzeugen kann, wenn man verschiedene Löcher zuhält.

Paul und Terry waren in einem Buch auf eine Anleitung zum Bau eines Telefons gestoßen. Sie fanden darin auch einiges über die Frequenz von Stimmen, Instrumenten usw. Paul bat die Lehrerin, Geräusche zu machen, damit er die Zahl der Schwingungen feststellen könne. Die Lehrerin erzeugte verschiedene Geräusche, und Paul schätzte die Frequenz ab:

10 (quietschende Tür)
138 (Lehrerin summt) etc.

Seine Endsumme lag etwa bei 3500 Schwingungen pro Sekunde. Rechnerisch gesehen war das falsch, aber das bemerkte er nicht. Interessant wurde es, als er plötzlich feststellte, daß seine Antwort Unsinn war: 3500 war die Schwingungszahl eines hohen Tons, und mehrere tiefe zusammen gespielte Töne konnten unmöglich das Äquivalent eines hohen sein.

Hier einige Auszüge aus dem Bericht der Klassenlehrerin:
„Wir fanden heraus:

1. Mit unterschiedlicher Länge ändert sich der Ton von:
   eingeschlagenen Nägeln,
   Gummibändern,
   Klavierdraht,
   Fiedeln mit einer Saite,
   Linealen

2. Mit unterschiedlicher Stärke verändert sich der Ton von:
   Violin-Saiten,
   Gummibändern

3. Auf folgende Weise stellten wir fest, daß der Ton durch Schwingungen erzeugt wird:
   Berühren des Klaviers,

Abb. 21

Schall I

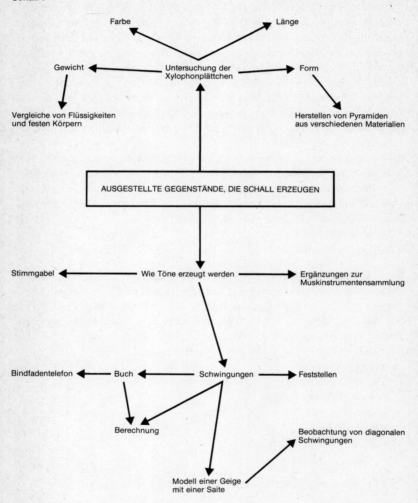

Klatschen,
Beobachten der elektrischen Klingel,
die Kehle von jemandem befühlen,
Bienenflügel beobachten usw.

4. Geräusche können hervorgerufen werden durch:
Reibung,
Blasen,
Zupfen,
Klopfen usw."

Die Untersuchungen dauerten ungefähr drei Wochen. Während dieser Zeit war jeder bis zu einem gewissen Grade an ihnen beteiligt. Vier Kinder interessierten sich für das Thema so sehr, daß sie schließlich mit den Arbeitsergebnissen aller Gruppen vertraut wurden. Der Begriff „Vibration" fand vielleicht deshalb so großen Anklang, weil die Kinder Freude an Geräuschen hatten oder weil es nahezu eine unbeschränkte Zahl von Möglichkeiten gab, um Schall zu erzeugen.

Vögel

Alter	7–8 Jahre, in Fähigkeiten und Leistungen heterogen zusammengesetzt
Klassenstärke	41 Jungen und Mädchen
Gesamtschülerzahl	350 Schüler
Gebäude	ansprechendes Nachkriegsgebäude; gut ausgestattet; Spielgelände
Klassenzimmer	freundlich, hell und luftig; an Wänden, auf Tischen und Regalen Ausstellungsflächen; modernes Mobiliar; Waschbecken
Umgebung der Schule	in einem rasch wachsenden Neubauviertel in einem Vorort gelegen
Geographische Lage	Industriestadt im Nordosten Englands; Schwerindustrie, Textilindustrie, chemische Industrie

David W. hatte bei sich zu Hause im Garten eine Kokosnuß aufgehängt. Im Frühjahr fotografierte er eine Blaumeise, als sie daran pickte. Die Aufnahme zeigte er seinen Freunden, die sie während der Pause betrachteten. Die Gruppe vergrößerte sich langsam, schließlich drängte sich die ganze Klasse um die Lehrerin und sprach über Vögel. Alle wollten ihre Erfahrungen weitergeben.

„Ich habe ein Rotkehlchen in unserem Garten gesehen. Es war sehr zahm."
„Wir hängen Speckschwarten für die Blaumeisen auf."
„Wir haben ein Drosselnest."
„In unserem Garten gibt es nicht so große Vögel wie auf dem Schulgelände."

Die Lehrerin schlug vor, die Vögel, die sich vor dem Klassenzimmerfenster niederließen, zu beobachten. So ließen sich die verschiedensten Dinge über sie herausfinden. Die Kinder machten Vorschläge, was sie alles beobachten könnten. Dabei entwickelten sie eine erstaunliche Vielzahl und Verschiedenartigkeit von Ideen. Eine vollständige Liste der Vorschläge ist im Anhang aufgeführt, hier nur einige Beispiele:
Wo leben Vögel?
Wie hoch können Vögel fliegen?
Wie finden Vögel bei schlechtem Wetter ihr Futter?
Wie sprechen Vögel untereinander?

Die Lehrerin zeigte großes Interesse und fragte, ob jemand eine Idee hätte, wie man Antworten finden könnte.

Ein Vogelgarten

Anne C. schlug vor, den Garten vor dem Klassenzimmerfenster in einen „Vogelgarten" zu verwandeln, um so die Vögel anzulocken. Sie erklärte, man müsse für Futter und Wasser sorgen und Stangen anbringen, auf denen die Vögel sitzen können. Die Kinder waren beeindruckt, und einige von ihnen überredeten noch am gleichen Abend ihre Mutter, ihnen Essensreste für den Vogelgarten mitzugeben.

Am folgenden Tag begannen sie sofort nach dem Mittagessen mit der Arbeit. Sie streuten Brotkrumen, zogen Erdnüsse auf Fäden, die sie in die Sträucher hängten, und stellten Wasser und Milch hin. Außerdem sammelten sie einige größere Äste, die von den Bäumen des Schulgeländes abgesägt worden waren. Die Kinder stellten sie aufrecht in den Garten und hängten eine halbe Kokosnuß und Speckschwarten daran.

Die Bemühungen wurden belohnt. Bald kamen die Vögel, zuerst Stare und Spatzen, dann Blaumeisen und ein Rotkehlchen. Die Kinder beobachteten sie beim Fressen und gaben aufgeregt Kommentare ab. Die Lehrerin mischte sich nicht ein, sondern hörte aufmerksam zu, was sie zu sagen hatten.

Organisation

Die meisten Kinder waren zuerst vollauf damit beschäftigt, die Vögel zu beobachten, über sie zu sprechen und Futter nachzufüllen. Die Lehrerin ermunterte sie, Zeichnungen anzufertigen und über das, was sie gesehen hatten, zu sprechen und zu schreiben. Sie bestand aber nicht darauf, weil sie glaubte, das Interesse der Kinder am Beobachten der Vögel durch eine zu frühe Forderung nach Verbalisierung zu zerstören. Sie versuchte, die Kinder auf verschiedene Weise zu ermutigen:

1. Sie zeigte Interesse an ihren Beobachtungen und schlug einzelnen Kindern vor, besonders interessante Beobachtungen aufzuschreiben, um sie anderen Kindern zugänglich zu machen.
2. Sie schlug vor, Einzel- oder Gruppenberichte anzufertigen, um kontinuierlich die Beobachtungen festzuhalten.
3. Sie stellte den Kindern vielfältige Materialien, über die sie sich unterhalten konnten, zur Verfügung und zeigte ihnen verschiedene Wege, ihre Beobachtungen festzuhalten. Sie war überzeugt, daß die Kinder allmählich herausfinden würden, welche Form der Aufzeichnung jeweils am geeignetsten sei.

4. Gelegentlich versammelte sie kleine Gruppen oder die ganze Klasse und veranlaßte sie, gegenseitig ihre Zeichnungen zu betrachten, sich aus ihren Aufzeichnungen vorzulesen oder über ihre Arbeit zu sprechen. Ihre Erfahrungen einer interessierten Zuhörerschaft mitzuteilen, war ein weiterer Anreiz für die Kommunikation. Der Erfahrungsaustausch half ihnen, die Anstrengungen der anderen zu würdigen und brachte Ideen für praktische Untersuchungen hervor.

Allmählich begannen einige Kinder Untersuchungen weiter zu verfolgen, die sich aus Beobachtungen, aus der Lektüre, aus Fragen oder Diskussionen ergeben hatten. Sie bildeten selbständig Gruppen und arbeiteten an selbstgestellten Aufgaben. Manchmal arbeiteten zwei Kinder zusammen, manchmal aber auch mehrere. Einige Kinder arbeiteten allein. Diejenigen, die sich für Zusammenarbeit entschieden hatten, sprachen über ihre Arbeit und verglichen ihre Beobachtungen. Dennoch arbeitete jedes Kind für sich, mit eigenen Berichten, Zeichnungen, Schaubildern usw. Die Zusammenarbeit ging nicht so weit, eine gemeinsame Arbeit zu planen, zu der jeder einen Teil beitrug.

Acht Kinder begannen sofort mit Experimenten. Vier oder fünf aber verbrachten fast zwei Monate nur mit dem Beobachten der Vögel, dem Nachschlagen in Büchern und der Aufzeichnung ihrer Beobachtungen.

Folgende Zeiten standen ihnen zur Verfügung:

Montag   9.30–10.30 Uhr
Donnerstag 14.00–15.45 Uhr
Freitag   10.45–12.00 Uhr

Da der Stundenplan jedoch flexibel war, und es keine engen Fachgrenzen gab, konnten die Kinder auch zu anderen Zeiten mit ihrer Arbeit fortfahren. Die eigentliche Arbeit fand aber in den dafür vorgesehenen Zeiträumen statt. Dann beobachteten die Kinder die Vögel und waren mit praktischer Arbeit beschäftigt, während andere Sachbücher lasen, malten, schrieben, Schaubilder anfertigten etc. – je nach dem Stand, den ihre Untersuchungen erreicht hatten.

Futter

Anne P. und Gillian brachten Brot, Fett und Erdnüsse von zu Hause mit und rührten alles in einer Plastikschüssel zu Vogelbrei zusammen. Sie bastelten Futterbehälter aus Maschendraht – eine Idee, die sie einer Kinderzeitschrift entnommen hatten –, füllten die Futterbehälter mit Brei und hängten sie an einen Strauch im Vogelgarten. Sie schrieben ihr Rezept auf, beobachteten die Vögel beim Fressen und notierten, was passierte. Die meisten Kinder wollten genaueres über den Vogelbrei wissen. Deshalb bat die Lehrerin die Mädchen, die ganze Klasse darüber zu informieren. Anschließend sprachen sie über die Bestandteile, die normalerweise in der Vogelnahrung enthalten sind.

Danach rührten noch weitere fünf Kinder den Vogelbrei an. Anne P. und Gillian dagegen fügten ihrem Brei Hagebutten, Vogelfutter und Rosinen hinzu. Nachdem Jane eine Anzeige in einer Zeitschrift gelesen hatte, forderte sie eine Broschüre über Vögel an. Sie stellte fest, daß diese Broschüre Rezepte für Vogelfutter enthielt. Die Rezepte gingen in der Klasse herum, aber niemand machte davon Gebrauch, denn die Kinder zogen es vor, ihre Rezepte selbst auszudenken. Ihre Brauchbarkeit maßen sie an der Häufigkeit, mit der die Vögel von den Mischungen fraßen, die sie nach ihren Rezepten hergestellt hatten.

Stephen, der seiner Mutter beim Backen zugesehen hatte, stellte Vogelkuchen her. Er zerließ Fett, rührte die trockenen Zutaten hinein und gab den Teig in eine Kuchenform zum Hartwerden. Anne P. und Gillian machten es nach. Diese vier Kuchen waren viel fester als der Vogelbrei. Die Kinder stellten fest, daß die Vögel vier Tage brauchten, um sie aufzufressen. Für die gleiche Menge Vogelbrei hatten die Vögel zwei Tage gebraucht. Bei der Diskussion über die Ursachen dieser Zeitdifferenz meinte Anne, sie hätte gehört, man müsse Brot in Wasser und Milch einweichen, bevor man die Vögel damit füttere. David Y. fand die beste Lösung für die „Vogelkuchen-Idee". Er mischte die Zutaten, schüttete sie in eine Kuchenform und überredete seine Mutter, den Kuchen für ihn zu backen. Er war zwar ziemlich klein, aber die Vögel brauchten zwei Tage, um ihn aufzufressen.

Die Kinder hatten Freude daran, Rezepte zu erfinden, Zutaten abzuwiegen, zu mischen und zu errechnen, wie lange der Kuchen zum Hartwerden brauchte. Als sie herausfinden wollten, welchen Kuchen die Vögel bevorzugten, begannen sie genauer zu beobachten. Sie stellten fest, wie lange einzelne Vögel vom Kuchen fraßen, notierten Futtergewohnheiten und untersuchten, welche Zutaten gefressen und welche übriggelassen wurden.

Manchmal führten die Beobachtungen zu praktischen Untersuchungen. Anne P. und Gillian bemerkten, daß einige Vögel ohne alle Furcht an die Futterbehälter flogen, während andere ängstlich waren und auf der Erde unter den Sträuchern blieben. Sie überlegten, ob die Farbe der Futterbehälter etwas damit zu tun habe und versuchten herauszufinden, ob Vögel durch bestimmte Farben angezogen oder abgeschreckt würden. Sie stellten vier gleiche Vogelkuchen her, legten sie in verschiedenfarbige Plastikschüsseln und stellten sie im Garten auf die Erde. Die Mädchen nahmen an, die Vögel würden sofort aus der grünen Schüssel picken, weil grün dem Gras ähnlich sei, aber sie merkten, daß die Stare und Spatzen aus allen Schüsseln fraßen. Die Lehrerin besprach das Experiment mit ihnen, und die sahen ein, daß es nicht beweiskräftig war. Sie mußten es mit einem anderen Experiment versuchen, am besten mit dem, das ihnen eingefallen war, als sie die Meisen beim Fressen beobachtet hatten. Im Garten schlugen sie fünf Pfosten in die Erde, spannten ein Seil die Pfostenreihe entlang und hängten daran Vogelkuchen an farbige Schnüre.

Die Meisen fraßen zwar alle Kuchen, doch zuerst die an den grünen Schnüren und zuletzt die an den roten. Als die Lehrerin feststellte, daß die Mädchen dem Experiment mehr Bedeutung beimaßen als ihm zukam, sprach sie mit ihnen darüber. Sie merkten bald, daß es nicht sicher war, ob die Vögel die Farben der Schnüre unterscheiden konnten oder ob sie diese überhaupt wahrgenommen hatten. Vielleicht hatte nur das Futter die Vögel angezogen, und sie hatten überhaupt nicht gesehen, daß die Schnüre gefärbt waren. Die Kinder beschlossen, das Experiment in ihr Vogelbuch einzutragen. Sie zogen keine Schlüsse daraus, sondern schrieben nur auf, was passiert war.

David W. interessierte sich jetzt auch für Farbvorlieben bei Vögeln. Er wollte herausfinden, welche Vogelart welches Futter fraß. Zu Hause stellte er eine Liste der Vogelarten zusammen. In der Schule legte er dann verschiedene Sorten Vogelfutter aus. Nachdem die Vögel davon gefressen hatten, trug er hinter jede Vogelart die entsprechende Futtersorte ein. Da sich das Futter in verschiedenfarbigen Gefäßen befand, vermutete er, daß die Farbe des Gefäßes die Wahl des Futters beeinflusse. Um diese Möglichkeit zu überprüfen, entwickelte er einen Versuch. Er nahm einen kleinen Eierkarton, malte jede Vertiefung andersfarbig an, füllte in jede die gleiche Anzahl Körner und stellte den Karton in den Garten. Hier ein Auszug aus seinem Bericht:

„Die Vögel bevorzugten zuerst die gelb angemalte Vertiefung, als nächstes kamen blau und braun, die dicht beieinander lagen. Am Ende jedoch gewann blau, dann kam rot nach braun, dann lila und zuallerletzt grün. Ich fand das sehr überraschend, weil ich gedacht hatte, sie seien mit grün vertrauter.“

Er wiederholte das Experiment mehrere Male und fand heraus, daß sich die Vögel anscheinend doch nicht durch die Farbe beeinflussen ließen. Es ist bemerkenswert, wie David jeweils die gleiche Menge Körner in jede Vertiefung hineinstreute. Er versuchte vom Boden der Vertiefung aus zu messen, um eine Markierung an der Seite anzubringen. Doch das stellte sich als zu schwierig heraus. Die Seiten waren rund und die Vertiefung sehr eng, so daß sich ein Lineal oder Bandmaß nicht ganz bis zum Boden bringen ließ. Deshalb wechselte er seine Taktik. Er bohrte ein sauberes, rundes Loch in die Seite einer Körnerpackung, aus welchem die Körner gleichmäßig zu fließen schienen. Andrew hatte eine Uhr mit Sekundenzeiger. David bat ihn deshalb, die Zeit zu messen, in der er Körner in die Vertiefung schüttete. Danach schüttete er Körner genauso lange in jede andere Vertiefung des Kartons. Als er fertig war, schien die gleiche Menge Körner in jeder Vertiefung zu sein.

Sitzplätze

Joanna lenkte die Aufmerksamkeit der Lehrerin auf eine Blaumeise, die an einer gespannten Schnur hing und Erdnüsse pickte. Die Lehrerin fragte, ob sie glaube, daß ein Star das auch könne. Als Joanna meinte, er wäre zu schwer, fragte die Lehrerin, ob sie herausfinden könnte, was einen Staren tragen könne. Janet, die mit Joanna arbeitete, schlug vor, Schnüre verschiedener Stärke zwischen die Sträucher zu spannen, um zu sehen, auf welche Schnur ein Star sich niederlassen würde. Außerdem verwendeten sie ein Seil, eine Plastikwäscheleine und zwei Längen Draht verschiedener Stärke. Die Kinder maßen die Stärke, befestigten dann die Drähte zwischen zwei Sträuchern und warteten ab, welche Vögel sich darauf setzen würden. Sie waren verblüfft, daß Blaumeisen sich auf den allerfeinsten Schnüren niederließen. Um zu sehen, ob Blaumeisen mit diesen Schnüren auch zurechtkommen, wenn sie senkrecht angebracht sind, hängten sie Erdnüsse an. Ihr Interesse für die Blaumeisen war so groß, daß sie die Stare vergaßen. Die Ausgangsfrage wurde deshalb nicht beantwortet.

Vogelhäuschen

Einige Jungen bauten Vogelhäuschen. Nachdem sie beobachtet hatten, wie die Vögel daraus Futter pickten, bauten sie diese um oder fügten Teile hinzu. Andrew z.B. befestigte eine Holzleiste am Rand des Vogelhäuschens, damit

das Futter nicht herabfallen konnte. Dazu kam ein Gerüst als Sitzstange für die Meisen sowie ein Haken zum Aufhängen eines Futterbehälters.
David W. baute einen Futterbehälter aus Holzabfällen und zwei Reagenzgläsern (Abb. 22).

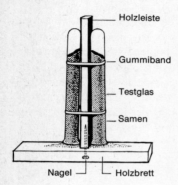

Holzleiste

Gummiband

Testglas

Samen

Nagel — Holzbrett

Abb. 22: David W. s Futterbehälter

Wenn die Vögel an der Öffnung des Reagenzglases Körner pickten, lief automatisch Futter aus dem Innern des Reagenzglases nach. Eine Gruppe von Jungen entwarf und baute Futterbehälter aus Maschendraht. Sie schrieben darüber in ihren Heften, zeichneten Pläne und gaben Anweisungen für den Bau. Wenn ein Kind einen Futterbehälter gebaut hatte, wollte es meist sofort sehen, wie die Vögel ihn benutzten. So wurden einige gute Beobachtungen gemacht.

Samenkerne

Als David W. für seine Futterbehälter Samen haben wollte, kaufte die Lehrerin in einer Tierhandlung Hafer, ein Fertiggemisch für frei lebende Vögel, Kanarienvogelfutter und andere Futtergemische. Alles wurde auf einem Tisch im Klassenzimmer ausgebreitet. Anne P. und Gillian untersuchten das Futter, um den Unterschied zwischen den einzelnen Sorten herauszubekommen. Sie versuchten, die Futterkörner zu identifizieren. Da es ihnen aber nicht gelang, mußte ihnen die Lehrerin helfen. Auch sie mußte wiederum den Verkäufer der Tierhandlung fragen, und auf diese Weise bekamen sie das meiste heraus.
Die Mädchen wollten die jeweiligen Mengen der verschiedenen Samenkör-

ner eines Gemisches vergleichen. Sie nahmen dazu aus jedem Paket eine kleine Menge, zählten ab, wie viele Körner von jeder Samenart enthalten waren, und fertigen eine graphische Darstellung für jedes Samengemisch an. Eines Morgens, als ihnen die Lehrerin bei der Arbeit zusah, drehte sich Anne um und sagte:

„Dies sind richtige Samen, nicht wahr?"

„Ja, warum fragst du?" antwortete die Lehrerin.

„Meine Mutter sagt aber, sie würden nicht aufgehen", meinte Anne.

Die Lehrerin schlug vor, die Samen einzupflanzen, um zu sehen, was passiert. Sie beschafften sich einige Blumentöpfe, sortierten die verschiedenen Samenarten und steckten ein bis zwei Körner in jeden Topf, den sie mit Gartenerde gefüllt hatten. Jeder Topf wurde beschriftet. Von den Samen, die sie nicht identifizieren konnten, klebten sie ein Exemplar mit durchsichtigem Tesaband an die Außenseite des Topfes (Abb. 23).

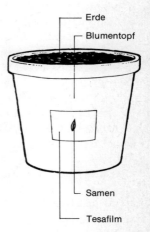

Erde

Blumentopf

Samen

Tesafilm

Abb. 23: Etikettieren eines Blumentopfes, der unbekannten Samen enthält

Nachdem sie die Körner ausgesät hatten, meinte Gillian: „Wenn die Samenkörner aufgehen und wenn die Erde im Garten dafür geeignet und warm genug ist, dann könnten die Körner wachsen, die wir für die Vögel auslegen und die sie nicht fressen. Es würde eine Menge weiterer Samen entstehen, und dann hätten wir unser eigenes Vogelfutter angebaut." Anne dachte eine Minute nach und fügte hinzu: „Wenn das stimmt, brauchen wir für die Vögel nichts mehr hinzustellen."

Sie freuten sich, als die Samen aufgingen, und hofften, daß sie zu großen Pflanzen heranwachsen würden, um festzustellen, wie sie aussähen und wie sie blühten.

Milchflaschen

Janice und Belle-Jane, die miteinander befreundet waren, wollten zusammen arbeiten. Sie gingen zur Lehrerin und sagten, sie hätten eine Milchflasche gefunden, die von Vögeln geöffnet worden war. Solch eine Flasche wollten sie vor das Klassenzimmerfenster stellen, um zu sehen, wie die Vögel sie öffnen. Die Lehrerin und die Kinder untersuchten die Flasche. Die Milch war kaum berührt worden, aber sie war nicht mehr zum Trinken geeignet. So erlaubte ihnen die Lehrerin, sie zu verwenden. Die Mädchen entfernten den beschädigten Verschluß, setzten einen unbeschädigten von einer anderen Flasche darauf, stellten die Flasche auf die Erde vor das Klassenfenster und warteten ab, was geschah. Sie konnten eine Meise gut beobachten und erzählten das begeistert ihrer Lehrerin. Diese meinte dazu: „Ich möchte gern wissen, woher die Meise wußte, daß Milch in dieser Flasche war?"
Die Mädchen glaubten, daß der Vogel die Milch durch das Glas sehen konnten. Als die Lehrerin sie aufforderte herauszufinden, ob das wahr sei, meinten sie, sie würden es versuchen.
Sie wuschen eine leere Milchflasche aus, füllten sie mit Wasser und setzten einen silbernen Verschluß darauf. Dann stellten sie diese Flasche vor das Klassenzimmerfenster neben einer Flasche mit Milch, die auch einen silbernen Verschluß hatte. Die Meisen öffneten die mit Milch gefüllte Flasche. Janice und Belle-Jane betrachteten das als Beweis für die Richtigkeit ihrer Annahme. Nachdem die Lehrerin ihr Experiment gelobt hatte, fragte sie, ob nicht vielleicht der silberne Verschluß und nicht die Milch die Vögel angelockt hätte. Wäre es so, folgerte sie, hätten die Vögel die richtige Flasche möglicherweise nur durch Zufall geöffnet.
Sie ließ die Mädchen allein, damit sie darüber nachdenken konnten. Als sich die Lehrerin nach einiger Zeit wieder um sie kümmerte, hatten sie zwei Milchflaschen herausgestellt, eine mit einem silbernen Verschluß und die andere mit einem roten. Die Vögel griffen den silbernen Verschluß an.
Die Lehrerin schlug vor, es noch einmal zu versuchen, und die Flaschen länger draußen zu lassen, um ganz sicher zu gehen. Aber Janice hatte sich schon für den nächsten Schritt entschieden. Sie beabsichtigte, es mit gefärbter Milch zu versuchen. Sie wollte gerade die Milch mit Plakafarbe färben, als die Lehrerin warnte, es könnte den Vögeln schaden. Sie fragte Janice, ob es nicht etwas Ungefährlicheres gäbe. Am nächsten Tag brachten die beiden Mädchen für den Versuch Heidelbeer- und Himbeermilch in die Schule mit.
Zuerst stellten sie zwei Flaschen – die eine mit Milch, die andere mit Heidelbeermilch gefüllt – nebeneinander. Die Heidelbeermilchflasche wurde ge-

öffnet. Dann versuchten sie es mit Himbeermilch und Heidelbeermilch. Die Vögel tranken mehr von der Heidelbeermilch als von der Himbeermilch. Die Mädchen schrieben über ihre Experimente. Belle-Jane zeichnete Milchflaschen in natürlicher Größe, bemalte sie in den verwendeten Farben und klebte über jede den Originalflaschenverschluß, um die Arbeit zu illustrieren. Janice stellte fest, daß ihre ersten beiden Experimente, zusammen mit den Beobachtungen von Milchflaschen, die sie jeden Tag auf dem Schulweg auf Haustürstufen sah, bewiesen, daß Blaumeisen und Kohlmeisen Milch mögen und daß silberne Verschlüsse am häufigsten geöffnet würden. Aus den Ergebnissen der beiden letzten Experimente folgerte sie, daß Blaumeisen lilafarbene Milch vorziehen und diese vielleicht lieber mögen als rote oder gewöhnliche Milch – aber dessen war sie sich nicht ganz sicher.

Aufenthalt von Möwen

Während einige Kinder Vogelfutter und Freßgewohnheiten untersuchten, führten die Beobachtungen anderer dazu, die Anzahl der Vögel, ihre Verbreitung, ihr Verhalten und ihren Flug zu untersuchen.

Anne C. beobachtete die Möwen, die sich auf dem Fußballplatz der Schule versammelten. Sie stellte fest, daß manchmal viele und manchmal sehr wenige dort waren. Sie erzählte es ihrer Lehrerin und erklärte, sie glaube, die Zahl sei vom Wetter abhängig. Sie schlug vor, die Möwen zu zählen und eine Woche lang jeden Tag die Wetterbedingungen aufzuzeichnen, um zu sehen, ob sie recht habe. Ihre Lehrerin beschreibt, wie sie vorging:

Sie bat mich um etwas Millimeterpapier. Sie war darauf gekommen, weil wir bereits im Mathematikunterricht für unsere Multiplikationstafeln graphische Darstellungen angefertigt und im Gespräch herausgefunden hatten, daß graphische Darstellungen Abbildungen unserer Ergebnisse seien. Sie brauchte elf Tage für diese Arbeit, da sie beschlossen hatte, ihre Untersuchung so lange fortzusetzen, wie das Millimeterpapier reichte. Sie zeichnete sorgfältig jede Möwe, die sie sah, und teilte das Papier in Spalten ein. In jede Spalte trug sie die Wetterbedingungen des betreffenden Tages ein.

Das war ein sehr guter Versuch, um genaue Daten zu erhalten. Obgleich sie während dieser Zeit 24 Möwen an einem Schneetag zählte und nur zwei an einem sonnigen Tag, erstreckten sich die Zahlen für trübe, nasse Tage von 22 bis 3 Möwen. Anne C. und ihre Lehrerin erörterten die Zahlen und kamen überein, daß sie die Möwen an viel mehr Schnee- und Sonnentagen zählen müßte, um zu sicheren Ergebnissen zu kommen. Wenn die Zahlen für trübe Tage typisch waren, dann schien das Wetter in der Nähe der Schule keinen sehr großen Einfluß auf die Anzahl der Möwen zu haben.

Nachdem sie zu dieser Schlußfolgerung gekommen waren, vermutete Anne C., daß das Wetter an der Küste anders wäre als im Inland, und daß die Möwen auf den Schulplatz kämen, wenn es an der Küste kalt sei. Dieser Frage ging sie aber nicht weiter nach, weil sie lieber Möwen in verschiedenen Stellungen zeichnen wollte.

Bald jedoch war sie wieder beim Zählen. Sie stellte fest, daß die meisten Möwen auf dem Schulspielplatz oder auf Häusern an seiner Ostseite zu landen schienen, während sich nur wenige an der westlich gelegenen Hauptstraße niederließen. Sie beschloß, die Landeplätze ihrer Beliebtheit nach zu ordnen, indem sie die Möwen an jeder Stelle zu einer festgesetzten Zeit jeden Tag eine Woche lang zählte. Wieder fertigte sie eine graphische Darstellung an, die die Gesamtzahl der Vögel, die sie an jedem Ort gesehen hatte, aufzeigte. Statt Möwen zeichnete sie aber diesmal bunte Vierecke, die die Möwen darstellen sollten.

David W. wollte gerne wissen, wie viele Vogelarten den Futterplatz im Vogelgarten an einem Tag besuchten. So zählte er in regelmäßigen Abständen für kurze Zeitspannen während des Tages die Vögel, die sich niederließen. Er sah zwölf verschiedene Arten und fertigte eine Säulendiagramm an, um die Anzahl jeder Art zu zeigen. Seine Lehrerin erfuhr erst davon, als er ihr die fertige Darstellung zur Ansicht vorlegte.

Das Verhalten von Vögeln beobachten

Nachdem die Kinder angefangen hatten, Vögel zu beobachten, wollten sie auch über sie sprechen und anderen erzählen, was sie gesehen hatten. Die Lehrerin teilt mit:

Ich hörte die Kinder fortwährend zueinander sagen, ‚Ich sah einen Star dies tun oder ein Rotkehlchen das tun‘, andere antworteten, ‚Oh, ich sah ... usw.‘

Sie wurden sich der Gewohnheiten und charakteristischen Merkmale der verschiedenen Vögel bewußt. Sie halfen einander sehr viel durch Diskussionen in Gruppen, zu zweit und natürlich in Klassengesprächen.

Die schriftlichen Aufzeichnungen der Kinder zeigen, wie genau sie die Vögel beobachteten. Hier einige Beispiele:

Maria: Möwen haben einen viel langsameren Flügelschlag als andere Vögel. Sie fliegen meist im Kreis herum. Ich sah Seemöwen gewöhnlich allein kommen. Wenn zwei zusammen sind, fliegen sie in einem gewissen Abstand voneinander. Ich glaube, sie mögen sich nicht.

Jane: Beim Landen fliegt sie immer gegen die Windrichtung. Ich machte meinen Finger naß, um herauszufinden, aus welcher Richtung der Wind kam. Er kam von Westen. Die Seemöwe flog von Osten her.

Shirley: (die mit dem Schreiben Mühe hatte)
Wenn die Vögel auf einem Zaun landen, stecken sie ihre Schwänze in die Luft, dann machen sie sie runter.

Judith: Am 5. April sahen wir eine Singdrossel, die über den Schulplatz hüpfte. Sie hüpfte sehr schnell, plötzlich stoppte sie und hackte hinunter, um einen Wurm zu bekommen. Der Schnabel ging hinunter und pickte ein Stück weg. Sie pickte eine halbe Minute und schluckte es dann hinunter. Dann pickte sie wieder auf den Wurm, schluckte den Rest hinunter und flog weg.

David: (Der Stare beim Fliegen beobachtet hatte.)
... sie zogen ihre Füße in der Luft ein, ihre Schnäbel zeigten geradeaus.

Petra: (Nachdem sie mit ihren Eltern am Wochenende einen Ausflug gemacht hatte.) Ich sah Heringsmöwen, die dem Pflug folgten. Es sind große, kräftige Vögel, und einige von ihnen flogen direkt hinter dem Pflug. Sie schossen hinter einem Traktor auf und nieder. Ich denke, sie fanden einige Insekten und ein bißchen Getreide.

Gedichte

Die Lehrerin las der Klasse oft Gedichte vor und bei dieser Gelegenheit auch eins über Vögel. Ohne Anregung der Lehrerin schrieben zwei Kinder aufgrund ihrer eigenen Beobachtungen Gedichte. Andrews Gedicht ist eines davon:

> Die Blaumeise hängt an einem Stück Brot,
> Beine in der Luft, kleiner blauer Kopf,
> kleine weiße Wangen und eine gelbe Brust,
> weg fliegt sie, ein Nest zu bauen.*

* The blue fit hangs from a piece of bread,
  Legs in the air, little blue head,
  Little white cheeks and a yellow breast,
  Off it flies to build a nest.

Phantasiegeschichten

Nachdem die Lehrerin den Kindern einige von Kiplings Geschichten vorgelesen hatte, schlug sie vor, doch eigene über Vögel zu schreiben. Sie besorgte einen großen und hübschen Einband, in den die Kinder ihre fertigen Geschichten legen konnten. Die Geschichten hatten Überschriften wie „Wie die Drossel anfing, so lieblich zu singen", und „Warum hat der Rabe einen organgefarbenen Schnabel". Einige Kinder erzählten sehr einfache Geschichten mit wenig Phantasie, aber andere waren einfallsreich und spannend. Die Lehrerin las mehrere Geschichten der ganzen Klasse vor, und die Kinder hatten Spaß am Zuhören.

Wörterbuch

Als die Kinder über Vögel schrieben, baten viele die Lehrerin, Wörter zu buchstabieren, die sie verwenden wollten, über deren Schreibweise sie aber unsicher waren. Daraufhin legte die Lehrerin ein Vogelwörterbuch an. In einem großen Heft verwendete sie für jeden Buchstaben des Alphabets zwei Seiten. Die Kinder trugen Wörter, die sie gefunden hatten, ein und illustrierten sie zum Teil mit kleinen Zeichnungen. Sie hängten das Buch an eine Pinnwand. Entgegen der Hoffnung der Lehrerin wurde es nur von den guten Schreibern benutzt, während die anderen es nur dann verwendeten, wenn sie es empfahl und ihnen bei der Benutzung half.

Vergleiche

Nachdem sie charakteristische Merkmale der verschiedenen Vogelarten herausgefunden hatten, begannen fünf Kinder Vergleiche anzustellen. Petra und Claire schrieben:
Die Heringsmöwe kam mit offenem Schnabel auf die Speckrinde heruntergeschossen, die schwarzköpfige Möwe mit geschlossenem Schnabel auf den Toast.

David Y. verglich Stare und Blaumeisen:
Stare sind sehr unverschämt und gefräßig, sie zanken und vertreiben alle an-

deren Vögel. ... die Blaumeise ist im Vergleich zum Star klein. Sie zankt nicht und frißt auch nicht zuviel. Sie ist sehr zierlich und verglichen mit dem Star leicht. Sie hängt sich mit dem Kopf nach unten an die Erdnüsse und schaukelt hin und her.

Susan und Anne benutzten gern Nachschlagewerke. Ihre Aufzeichnungen gaben ihre eigenen Beobachtungen – ergänzt durch Informationen aus Büchern – wieder. Zum Beispiel:
Vogelbeine unterscheiden sich in der Länge. Einige Vögel haben wie der Rabe einen spitzen Schnabel zum Picken von Würmern und Insekten. Einige Schnäbel sind kurz, stumpf und plump wie beim Dompfaff, weil er Samen mag.

Bildnerisches Gestalten

In der Zeit, die ihnen jede Woche zur Verfügung stand, um ihren Hobbies oder anderen Tätigkeiten, die sie interessierten, nachzugehen, fertigten sechs Mädchen Vogelapplikationen an. Zwei andere Mädchen wählten nicht Vögel, sondern Puppen als Motive aus. Alle nahmen sich die geeigneten Materialien aus der großen Restekiste, die im Klassenzimmer stand. Vier der Mädchen, die die Vogelapplikationen anfertigten, legten besonderen Wert auf naturgetreue Farben. Jane hatte Schwierigkeiten, das richtige Blau für den Kopf der Blaumeise zu finden. Die beiden anderen Mädchen nähten farbenprächtige Phantasievögel.
Eine Gruppe von neun Kindern, die sich in der Regel für das Malen entschied, wählte sich Vögel als Thema. Die Kinder versuchten mit großem Eifer, diese genau so abzumalen, wie sie auf dem Futterplatz zu sehen waren. Stephen, Anne C. und Belle-Jane gelang das gut, aber vier Kinder fanden, daß ihre Vögel nicht „richtig" aussahen. Das war ziemlich enttäuschend, denn trotz der vielen Mühe, die sie sich gegeben hatten, waren sie doch unfähig, naturgetreu zu zeichnen. Auf Anregung der Lehrerin malten sie statt dessen ein großes Bild mit Phantasievögeln. Daran hatten sie Spaß, weil die Aufgabe ihren Fertigkeiten angemessen war.
In einer Diskussion, an der alle Kinder teilnahmen, wurde besprochen, in welcher Weise Vögel in Größe und Form voneinander abweichen. Die Lehrerin fragte, wie sie die Unterschiede deutlich machen könnten. David W. regte an, Schattenrisse aus schwarzem Papier anzufertigen. Stephen schlug vor, sie auf einen Wandfries zu kleben. Die ganze Klasse diskutierte darüber,

wo Vögel am häufigsten als Silhouette gesehen werden – auf Bäumen, Geländern, Zäunen, Telegrafendrähten usw. – und aus welchem Material der Hintergrund des Frieses bestehen müßte. David W. und Stephen befestigten einen Streifen weißen Papiers an der Wand und malten den Hintergrund schwarz. Im Laufe der Woche zeichneten fast alle Kinder den Umriß eines Vogels auf schwarzes Papier, schnitten ihn aus und befestigten ihn am Fries.

Beobachten aus einem Versteck

Paul und Stephen fertigten ein tragbares Zelt als Versteck an, um die Vögel aus der Nähe beobachten zu können, die das Schulgelände zwar oft besuchten, aber zu furchtsam waren, um zum Futterplatz zu kommen. In einem Schrank fanden sie einige Säcke und vier lange Stangen, die früher als Totempfähle benutzt worden waren. Sie steckten diese so in den Boden, daß sie ein Quadrat ergaben, schnitten die Säcke auf, hefteten sie zusammen und befestigten diesen Überzug an den Stangen. Für einige Tage ging das gut, an windigen Tagen brach das Zelt jedoch zusammen.
Robert ließ sich etwas anderes einfallen, um scheue Vögel zu beobachten. Er fand ein Papprohr in einem Schrank und fragte seine Lehrerin, wie man daraus ein Teleskop herstellen könne. Sie gab ihm einige Linsen und schlug vor, sie so lange miteinander zu kombinieren, bis er das für seine Zwecke geeignete Paar gefunden habe.

Flug

Die Kinder zeigten kein Interesse an den Mechanismen des Vogelfluges, wohl aber für das äußere Erscheinungsbild des Fluges bei verschiedenen Vogelarten. Linda und Janet zeichneten den Flugverlauf eines Spatzen.
Sie verglichen diese wellenförmige Bewegung mit dem Flug der schnellsteigenden, sich drehenden Möwe. Sie beobachteten, wie Spatzen einige Flügelschläge machten und dann ein wenig in den Gleitflug übergingen. In einer Zeichnung stellten sie den Flugverlauf dar. Sie zeichneten auch die Wege in einen Plan ein, die die Vögel beim Flug von einem Teil des Schulgeländes zum anderen benutzten.
David W. untersuchte, welche Wege die Vögel auf dem Boden benutzten und

zeigte in einer Tabelle, welche Vögel liefen, hüpften, rannten oder watschelten.

Fünf Kinder waren besonders an der Häufigkeit des Flügelschlags interessiert. Mit einer Stoppuhr stellten sie fest, wie oft das in einer Minute geschah. Da ihr Interesse am Zeitmessen wuchs, stoppten sie, wie lange Möwen gleiten, wie lange verschiedene Vögel auf einem Pfahl sitzen bleiben usw.

Während dieser Aktivitäten ließen einige ältere Jungen auf dem Fußballplatz einen Drachen steigen. Da dies die jüngeren Schüler interessierte, brachte David W. am nächsten Tag einen selbstgebastelten Drachen in die Schule mit. Er schrieb einen Bericht mit dem Titel „Wie Vater und ich einen Drachen bauten". Dann probierte er den Drachen auf dem Schulgeländе aus. Später schrieb er auch noch darüber.

Brian baute in der Schule einen Drachen und schloß sich David auf dem Schulgeländе an. Liam und Timothy bastelten Gegenstände, die sie als Modellvögel bezeichneten, und versuchten, diese fliegen zu lassen. Sie bestanden aus einem Strohhalm mit Papierflügeln und einem angeklebten Papierschwanz.

Drei Jungen bauten Papierflugzeuge. Sie hielten nicht lange, aber die Jungen benutzten sie auf sinnvolle Weise, indem sie die geflogenen Entfernungen maßen, darüber sprachen, warum einige Flüge besser als andere verliefen und die Richtung, welche das Flugzeug nahm, beobachteten.

Um ihr Interesse zu vertiefen, kaufte die Lehrerin einige Flugzeugmodelle aus Balsaholz, die zusammengebaut werden mußten. Sie wurden mit großer Begeisterung in Empfang genommen. Die sieben Jungen veranstalteten ein Wettfliegen, um zu sehen, welches das beste sei. Sie verstellten den Anstellwinkel der Tragfläche, änderten die Startrichtung usw., um die Leistungsfähigkeit zu erhöhen.

Einige Tage darauf bemerkten sie, daß die Lehrerin ein Sortiment Balsaholz und etwas Klebstoff auf einem kleinen Schrank liegen gelassen hatte. Sie nahmen sofort die Gelegenheit wahr, ihr eigenes Flugzeug zu bauen. Zuerst fertigten sie Entwürfe auf Papier an und schnitten sie aus, um Muster zu erhalten. Diese hefteten sie auf Balsaholzbrettchen, schnitten sie aus und bauten dann die Teile zusammen. Die Lehrerin schlug vor, Hefte über ihre Flugzeuge anzulegen, und sie stimmten bereitwillig zu. Sie zeichneten die Pläne in ihre Hefte, skizzierten die fertiggestellten Modelle, beschrieben, wie sie zusammengebaut wurden und kommentierten ihre Flugleistung.

Es entstanden Fragen über die Bedeutung der Flügelform, des Gewichtes, der Nasenform und der Stellung der Tragflächen am Rumpf; die Kinder diskutierten darüber in der Gruppe. Einige Fragen wurden auch durch Versuche beantwortet. David W. z.B. versuchte, sein Flugzeug mit hochgebogenen und dann mit abwärts gebogenen Flügelspitzen fliegen zu lassen. Die Kinder probierten auch unterschiedliche Holzstärken für verschiedene Teile der Flugzeuge aus.

Fünf Mädchen schlossen sich dem Unternehmen der Jungen an und brachten von ihrer ersten Zusammenkunft im Freien Informationen darüber mit, wie Flugzeuge bei Gegenwind und wie sie bei Rückenwind starten.

Gipsabdrücke

Brian sah im Kinderprogramm des Fernsehens, wie man Gipsabdrücke von Fußspuren abnimmt. Am nächsten Morgen berichtete er seiner Lehrerin darüber und fragte, ob er Abdrücke machen dürfe. Sie kaufte ihm während der Mittagspause etwas Gips, und er ging hinaus, um auf dem Schulhof die Vogelspuren im Schnee zu prüfen. Die von den Möwen verursachten Abdrücke waren leicht zu erkennen, aber er mußte überlegen, von wem die anderen stammten, indem er ihre Größe mit der Größe der Vögel, die er auf dem Hof gesehen hatte, in Beziehung setzte. Er fertigte Kartonrahmen an, um sie um die Fußabdrücke zu legen und versuchte, Abgüsse zu machen. Die ersten drei mißlangen, weil er jedesmal den Gips zu dick angerührt hatte, und er zu hart war, wenn er ihn in die Form goß. Bei seinem vierten Versuch rührte er den Gips dünn an, aber der Gips ließ den Schnee schmelzen. Er kam daher zu dem Schluß, daß es das Beste wäre, eine Vogelspur so zu behandeln, daß er dünnen Gips verwenden könne, ohne daß der Schnee schmolz. Das Ausmalen der Spur mit schwarzer Farbe schien ihm die beste Lösung. Er probierte es mit Plakafarbe, aber ohne Erfolg, und bevor er es nochmals versuchen konnte, schlug das Wetter um, und der Schnee schmolz.

Ein oder zwei Wochen später, als erneut Schnee fiel, wandte Brian sich an Anne C., die sich mit Möwen beschäftigte und zeigte ihr, wie man einen Gipsabguß einer Möwenspur machen konnte. Sie legten einen Kartonrahmen um den Abdruck in den Schnee. Was dann folgte, beschrieb Anne so:

Ich holte einen Topf und goß etwas Wasser hinein, dann gab ich 2 ounces Gips hinein und rühte ihn, um ihn dickflüssig zu machen. Dann goß ich ihn in den Fußabdruck in den Schnee. Dann ließ ich ihn trocknen und grub ihn aus. Es gelang, und Anne legte den Gipsabdruck in ihren Ordner, den sie über Möwen angelegt hatte.

Brian war darüber begeistert, und es störte ihn überhaupt nicht, daß er keinen Abdruck für sich selbst hatte. Er versuchte nun nicht mehr, Abdrücke herzustellen, sondern richtete seine Aufmerksamkeit auf Federn.

Federn

Die Kinder brachten oft Federn in die Schule mit. Meist entschlossen sie sich, diese in ihre Hefte einzukleben, mit einem Schild zu versehen und über sie zu schreiben.

Andrew, ein Junge, dem das Schreiben nicht leicht fiel, klebte zwei Federn in seinen Ordner. Er beschriftete die eine mit „Flügelfeder" und die andere mit „Körperfeder" und fügte dann noch hinzu:

Bei einem Besuch auf einer Farm sah ich diese Feder, als ich über ein Feld wanderte. Mein Onkel sagte, sie gehöre einer Fasanenhenne.

Seine Lehrerin freute sich, daß er darüber schrieb und keine Hilfe von ihr benötigte.

Claire fertigte eine detaillierte Beschreibung einer Möwenfeder an und versuchte zu erklären, warum der untere Teil mit Flaum bedeckt war.

Sie ist am unteren Ende pelzartig, weil sie nahe am Körper der Seemöwe ist. Sie ist deshalb pelzig, um den Vogel warm zu halten.

Der Gebrauch des Wortes „pelzig" gab der Lehrerin Gelegenheit, ihr etwas Schafswolle, Pelz und Daunen zum Befühlen zu geben und mit ihr die Unterschiede zwischen Wörtern wie: pelzig, haarig, aufgeplustert und flaumig zu besprechen.

Als Claire und Petra Federn untersuchten, fiel ihnen eine vom Tisch und schwebte sacht zu Boden. Sie hoben sie auf und ließen sie noch einmal fallen, um sie beim Fliegen zu beobachten. Das brachte sie auf die Idee, verschiedene Federn zu vergleichen. Sie ließen Brust-, Flügel- und Schwanzfedern fallen, um zu sehen, welche am besten flogen. Auf Vorschlag der Lehrerin stoppten sie die Zeit, um einen exakten Vergleich zu erhalten.

Als sie die Federn in der Luft schweben sahen, waren die Kinder von ihrer Leichtigkeit beeindruckt und versuchten, eine zu wiegen, aber keine ihrer Waagen zeigte einen Ausschlag. Enttäuscht teilten sie ihrer Lehrerin mit, daß die Feder nichts wiege. Im anschließenden Gespräch mit der Lehrerin kamen sie darauf, daß man immer mehr Federn auf die Waage legen müsse, bis sie es registriere. Das taten sie auch und waren verwundert, welch eine große Menge Federn auf eine viertel ounce kamen.

Belle-Jane brachte eine Wildtaube mit, die ihr Vater geschossen hatte. Die Kinder freuten sich, einen Vogel untersuchen zu können. Eine große Gruppe versammelte sich um den Tisch, auf dem die Taube lag.

Nachdem die Lehrerin festgestellt hatte, daß es sich um eine frisch geschossene Taube handelte, erlaubte sie den Kindern, sie anzufassen, bestand aber darauf, daß sie sich die Hände waschen sollten, nachdem sie diese berührt hatten. Sie achtete genau darauf, daß die Anweisung befolgt wurde. Die Kinder waren überrascht, wie viele verschiedenfarbige Federn ein Vogel hatte und daß die Farbe an jeder Stelle des Vogels von den Teilen der Federn, die sichtbar waren, abhing. Das beantwortete eine Frage, an der Brian schon einige Zeit herumrätselte – er konnte nicht herausfinden, warum die Brust einer Drossel gesprenkelt war. Sie wogen die Taube, untersuchten ihre Füße und Federn, spannten Flügel und Schwanz und vermaßen sie.

Belle-Jane und Janica machten schließlich ihr Recht an dem Vogel geltend und begannen mit eigenen Untersuchungen. Sie lösten einige Federn von Hals, Brust, Rücken und einem Flügel und stellten sie, nach ihrer Größe geordnet, aus. Auf einem beigefügten Zettel vermerkten sie, wo sie die Federn ausgerissen hatten. Sie untersuchten einen Flügel, fertigten eine detaillierte Skizze an und schrieben:

Ist der Flügel der Wildtaube völlig ausgebreitet, mißt er 17 inches, ist er jedoch angelegt, mißt er 3 1/2 inches. Der Flügel der Wildtaube wiegt 1 ounce. Er hat 20 Hauptfedern. Einige der Federn sind weiß, einige grau und einige sind beinahe schwarz. Wenn der Flügel angelegt ist, liegen die Federn übereinander. Die Flügelfedern werden größer, je weiter unten sie sich befinden. Einige der Federn sind blaugrau. Der Flügel der Wildtaube ist oben gekrümmt.

Die Mädchen zeichneten auch noch Kopf und Füße des Vogels.

Am Ende des Tages erklärte die Lehrerin den Kindern, daß es nicht gut sei, Lebewesen, die länger als einige Stunden tot sind, anzufassen und nahm die Taube an sich. Belle-Jane und Janica akzeptierten diese Entscheidung. Am nächsten Tag schauten die beiden Mädchen in der Klassenbücherei nach und fanden vier Bücher, die Informationen über Wildtauben enthielten. Aus den umfangreichen Darstellungen fertigten sie Auszüge an.

Nester

Mitte Februar brachte die Rektorin ein Nest in die Klasse mit. Sie sagte, daß sie es in ihrem Garten gefunden habe und wollte gern wissen, ob jemand daran interessiert sei. Julie und Susan R. fragten sofort, ob sie es haben könnten. Sie wogen und maßen es, zerrissen es dann in Stücke, um zu sehen, woraus es bestand und wie es gebaut war. Nachdem sie alle Bestandteile identifiziert hatten, klebten sie diese auf eine Doppelseite in ihren Ordner unter eine durchsichtige, selbstklebende Plastikfolie und beschrifteten sie.

Die Lehrerin beobachtete sie beim Arbeiten und fragte, welches Material der Vogel beim Nestbau am meisten verwendet habe. Sie antworteten: „Gras, Zweige und Moos". Sie schlug dann vor, dies in irgendeiner Weise kenntlich zu machen, damit andere nicht auf den Gedanken kämen, daß nur gleiche Mengen aller Bestandteile verwendet worden seien. Julie schlug vor, eine Art Diagramm anzufertigen, und während Susan R. die Bestandteile voneinander trennte, begann sie mit Schere, Pinzette und Leim Säulen, die in etwa das Verhältnis zwischen den einzelnen Bestandteilen des Nestes wiedergaben, aus dem Material auf kariertem Papier aufzukleben.

Die Mädchen untersuchten das Nest einer Singdrossel, das Susan T. an einem Wegrand gefunden hatte. Als ihre Lehrerin fragte, was sie damit anstellen wollten, hatten sie sich schon einige Gedanken gemacht. Die Lehrerin schlug daraufhin vor, daß sie sich ihre Fragen und Gedanken kurz auf einem Stück Papier notieren und dann in eine Reihenfolge bringen sollten, bevor sie mit der praktischen Arbeit anfingen. So müßten sie das Nest vor dem Auseinandernehmen erst wiegen und messen, da man das schlecht nachher tun könnte. Als Julie und Susan R. dazukamen, waren sie beim Ordnen ihrer Liste und besprachen, ob sie nicht selbst versuchen sollten, ein Nest zu bauen. Julie und Susan R. fanden die Idee, ein Nest zu bauen, interessant und probierten es selbst aus. Sie schauten sich die graphische Darstellung, die zeigte, was beim Nestbau verwendet worden war, genau an und sammelten dann auf dem Schulgelände die notwendigen Materialien. Susan drehte eine Untertasse um, legte eine Lage Gras darauf und Julie gab Schlamm darauf. Die Mädchen schichteten dann Moos, Zweige und andere Materialien aufeinander. Sie fanden das Bauen schwierig und zerrissen das Nest dreimal, bevor sie mit ihrem Ergebnis einigermaßen zufrieden waren. Aus dieser Erfahrung heraus fragten sie sich, wie ein Vogel nur mit Schnabel und Krallen ein Nest bauen könne.

Judith und Susan T. fanden ein paar winzige Stückchen Eierschale im Nest. Sie untersuchten sie und fragten sich, wie die Vogelmutter auf den Eiern sitzen könne, ohne sie zu zerbrechen, und wie viele Eier auf dem Boden des Nestes Platz hätten. Um das herauszufinden, besorgten sie sich ein Buch über Vogeleier und sahen sich Form und Größe der Eier von Singdrosseln an. Dann begannen sie, einige Eier herzustellen. Judith schrieb darüber einen Aufsatz.

Sie legten die Eier auf den Nestboden und probierten verschiedene Anordnungen aus, bis sie eine fanden, die, wie sie meinten, die platzsparenste war. Dann dachten sie darüber nach, wie die Vogelmutter sie ausbrüten könne, ohne sie zu zerbrechen. Susan T. schrieb:

Wir glauben, daß die Mutter oben auf dem Nest sitzt, weil ihr Körper, da es so eng ist, nicht hineinpaßt. Die Babys müssen nahe zusammenrücken, um warm zu bleiben, sonst werden sie kalt, und wenn sie zu kalt werden, sterben sie. Die Eier müssen etwas auseinander liegen, sonst werden sie zerdrückt und zerbrechen.

Judith erklärte der Lehrerin ihre Vorstellungen:
Ich glaube, die Mutter sitzt auf dem Rand und schlägt ihre Flügel über das Nest, um sich hereinzuzwängen und paßt auch oben etwas hinein, so daß nicht das ganze Gewicht ihres Körpers auf den Eiern liegt.

Das ist eine intelligente Vermutung. Die Mädchen erkannten außerdem, daß sie Vögel während des Nistens beobachten müssen oder jemanden finden müßten, in dessen Käfig Vögel nisteten, um die Richtigkeit ihrer Annahmen zu überprüfen.

Zu diesem Zeitpunkt wußte die Lehrerin nicht mehr über das Problem als die Mädchen. Erst später wurde ihr klar, daß sie noch eine weitere Untersuchung durch die Frage hätte herbeiführen können, ob vielleicht die Stärke einer Eierschale von ihnen falsch eingeschätzt worden sei. Sie hätte ihnen einige Hühnereier geben können, damit sie sähen, was für ein Gewicht diese aushalten.

Im Laufe ihrer Untersuchung darüber, wie Jungvögel sich warmhalten, kam der Lehrerin plötzlich der Gedanke, was denn passiere, wenn es regnete. Sie fragte die beiden Mädchen nach ihrer Meinung und diese antworteten, sie würden nachprüfen, ob das Nest wasserdicht sei. Sie wiesen darauf hin, daß der Vogel so gut wie immer auf dem Nest säße und daß deshalb sein Körper den Regen von oben abhalte. Sie brauchten daher das Nest nur an den Außenseiten zu prüfen. Das Nest wurde umgedreht und Wasser darübergegossen. Dafür verwendeten die Mädchen den feinen Brausenkopf einer Gießkanne. Das Wasser druchdrang die Wände nicht. Nur um zu sehen, was passieren würde, sprengten sie einige Tropfen über die Innenseite, sie wurden vom Schlamm aufgesogen.

Auch Susan I. und Denise untersuchten ein Drosselnest, um zu sehen, ob es wasserdicht sei. Sie gossen Wasser hinein. Hier ihr Bericht:
Das Innere des Nestes bleibt ungefähr zwei Tage lang naß, wenn das Wasser innen hineingegossen wird, aber wenn die Mutter auf dem Nest sitzt, wird das Innere nicht naß.

Nachdem sie Judith und Susan T. bei der Arbeit beobachtet hatten, versuchten sie ebenfalls, ein Nest zu bauen. Zuerst stellten sie eine Schlammhalbkugel her. Form und Größe der Halbkugel wurden durch Einpassen in das Innere des Drosselnestes bestimmt. Als nächstes legten sie Stroh außen herum und preßten es in den Schlamm. Als der Schlamm getrocknet war, entfernten sie das Drosselnest. Zum Schluß polsterten sie die Innenseite mit Moos und

Zweigen aus. Sie waren mit dem Nestbau allein nicht zufrieden, sondern hofften, einen „Mieter" dafür zu finden; deshalb brachten sie es nach draußen, um zu sehen, ob ein Vogel sich darin einnisten würde. Denise war voller Hoffnung, denn wie sie bemerkte: „Ein Kuckuck ist zu faul, ein Nest zu bauen."

Vorschläge der Kinder, was man über Vögel herausfinden kann

Wo leben Vögel?
Wie fliegen Vögel?
Wie hoch fliegen Vögel?
Welche Vögel fliegen am höchsten, schnellsten, langsamsten?
Was fressen Vögel am liebsten?
Fressen alle Vögel das gleiche Futter?
Wo lassen Vögel ihre Füße beim Fliegen?
Was geschieht mit den Flügeln des Vogels, wenn er eine Kurve nimmt?
Wie schnell bewegen sich die Flügel?
Bewegen sich große Vögel langsamer und kleinere schneller vorwärts?
Welches sind die größten/kleinsten Vögel?
Wieviel wiegen sie?
Wo schlafen Vögel?
Sprechen Vögel miteinander?
Wenn ja, kann eine Art die andere verstehen?
Wie teilen sich Vögel mit, daß es Futter gibt? (Die Kinder hatten bemerkt, daß ein oder zwei Vögel vom ausgelegten Futter fraßen, dann wegflogen und viele Vögel zurückkamen.)
Fliegen Vögel in Familien?
Wie kommen die Jungen auf die Welt?
Wie halten Vögel ihre Füße beim Landen?
Landen sie in schnellem oder langsamem Tempo?
Wann hören beim Landen die Flügel auf zu schlagen?
Fliegen sie mit oder gegen den Wind ab?
Wie bewegen sich Vögel am Boden vorwärts?
Wieviel Futter fressen Vögel?
Wohin fliegen einige Vögel im Winter?
Wie lange brauchen Vögel, um ein Nest zu bauen und Eier zu legen?
Wie viele Krallen befinden sich am Fuß eines Vogels?

Vögel

Abb. 24

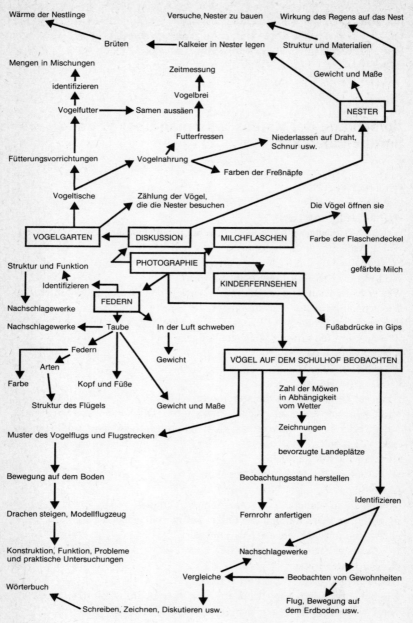

104

Wie lang sind ihre Schnäbel?
Welche Form haben ihre Augen?
Welcher Vogel kann ohne Ruhepause am weitesten fliegen?
Wie groß sind die Nasenlöcher?
Worin unterscheiden sich einige Vögel?
Können alle Vögel fliegen?
Wohin fliegen Rotkehlchen im Sommer?
Wie lang ist der längste Vogelschwanz?
Welches sind die größten und kleinsten Vögel, die unseren Garten besuchen?
Wie fressen Vögel?
Wie finden Vögel Nahrung bei schlechtem Wetter?

Zentralheizung

Alter	9–10 Jahre, in Fähigkeiten und Leistungen heterogen zusammengesetzt
Klassenstärke	36 Jungen und Mädchen
Gesamtschülerzahl	285 Schüler
Zeit	Frühling
Gebäude	1902 erbaut; gut erhalten
Klassenzimmer	freundlich und recht geräumig; hohe Fenster; modernes Mobiliar
Umgebung	Industriegebiet der Stadt; eine Siedlung von Reihenhäusern; neben der Schule ein kleiner Park
Geographische Lage	Nordostengland, dicht besiedelt; Schwerindustrie, Textilindustrie und chemische Industrie

An einem kalten Morgen leitete die Lehrerin eine Diskussion mit der Frage ein, wie die Schule geheizt würde. Alle Kinder wußten, daß Heißwasserröhren das Gebäude heizten, aber nur wenige wußten mehr. Philip war bekannt, daß es einen Heizkessel gab, in dem das Wasser erhitzt wurde. Malcolm, der Lastwagen mit Koks hatte ankommen sehen, meinte, daß der Ofen mit Koks geheizt würde.

David P. fragte: „Wird das Haus für die Kleinen (ein Nebengebäude) auch von unserem Kesselraum aus geheizt?"

„Ja, so wird es schon sein", sagte Margaret, „es gibt ja nur einen Kesselraum. Einige Röhren gehen wahrscheinlich unter dem Hof entlang, da können wir sie doch nicht sehen."

„Ich finde", fiel Jan ein, „daß das Nebengebäude kälter als das Hauptgebäude ist." Als die Lehrerin nach der Ursache fragte, sagte er: „Wenn die Röhren unter dem Hof entlanggehen, dann werden sie doch kalt."

Das brachte sie zu der Frage, welches Klassenzimmer das wärmste sei. Um das herauszufinden, wollten sie in jedem die Temperatur messen. Als sie besprachen, wie man das am besten machen könne, meinte Margaret, daß ein Klassenzimmer mit geöffneten Fenstern kälter sei als eines mit geschlossenen. Sie schlug den frühen Morgen zum Messen vor, da zu diesem Zeitpunkt die Klassenzimmer noch leer und die Fenster geschlossen seien. Schließlich einigten sie sich darauf, über das Wochenende die Thermometer in den Klassen zu lassen und sie gleich am Montagmorgen abzulesen. Die Lehrerin fragte Margaret, ob sie beweisen könne, daß ein Raum, in dem die Fenster offen gestanden hatten, kälter sei. Sie versprach, es zu versuchen.

Als die Kinder am Montag das Klassenzimmer betraten, sahen sie, daß die Lehrerin eine Fülle von Materialien für ihre Untersuchungen bereitgestellt hatte:
- Thermometer der verschiedensten Art mit Alkohol oder Quecksilber gefüllt, verschiedene Skalentypen
- Spiritus-Brenner auf mit Sand gefüllten Einsätzen
  (Die Lehrerin hatte allen Kindern gezeigt, wie man sie richtig benutzt und die Bedeutung von Sicherheitsvorkehrungen erklärt)
- Asbestplatten, Drahtgaze, Zangen, Kerzen
- Gefäße wie Blechbüchsen, Bechergläser, ein Sortiment von Tassen und Pfannen
- Stoffreste aus Wolle, Baumwolle und Filz, um Röhren zu isolieren
- Strohhalme, Löffel, Plastilin, Medizinfläschchen, Aluminiumfolie
- Bücher mit Informationen zum Thema Wärme.

Das größte Interesse galt dem Ablesen der Temperatur in den verschiedenen Räumen. Beim Eintragen der Meßergebnisse in eine Tabelle wurde deutlich, daß die Räume in unmittelbarer Nähe des Heizungskellers am wärmsten waren. Ronald und David H. vermuteten, daß es sich mit den Heizkörpern im Flur genauso verhalte. Sie fragten, ob sie ihre Vermutung überprüfen dürften. Als sie zurückgekehrt waren, sagten sie: „Der Heizkörper, der dem Heizungskeller am nächsten liegt, ist um 2° wärmer als der am Ende des Flures." Die Kinder wollten dann den Kesselraum der Schule besichtigen. Der Besuch wurde arrangiert, und sie gingen in zwei Gruppen. Der Hausmeister beantwortete viele Fragen der Jungen, die Mädchen dagegen schienen weniger interessiert zu sein und stellten nur eine einzige Frage. Einige Kinder schrieben über die Besichtigung. Susan, eine schwächere Schülerin, malte ein Bild des Heizkessels. Das überraschte die Lehrerin, und sie schrieb: „Dieses Bild forderte 20 Minuten lang Susans konzentrierte Aufmerksamkeit. Das ist für dieses Kind, dessen Aufmerksamkeit sehr schnell von einer Sache zur anderen springt, ungewöhnlich." Die anderen Kinder waren so stark am Messen der Temperatur interessiert, daß sie sich schnell wieder ihren Thermometern zuwandten und an verschiedensten Stellen der Schule die Temperaturen feststellten. Sie bestimmten selbst, wie ihre Ergebnisse aufgezeichnet werden sollten. Mit dem in der Klasse verfügbaren Material wurden mehrere Methoden ausprobiert. Marlene zeichnete eine Tabelle, eine Gruppe Kinder fertigte eine einfache Skizze der Schule an und trug die Meßergebnisse darin ein, andere schrieben Listen oder benutzten Säulendiagramme. Z. B.

Klassenzimmer	Temperatur
Klasse 1	62 °F
Klasse 2	64 °F usw.

Die Lehrerin legte die fertigen Aufzeichnungen zur Ansicht für die gesamte Klasse aus. Dabei wurde festgestellt, daß die von den verschiedenen Gruppen angegebenen Meßergebnisse für jeden einzelnen Raum im Zeitraum eines Tages differierten. Auf die Frage der Lehrerin, ob jemand eine Erklärung dafür hätte, sagte Yvonne: „Ich denke, es liegt daran, daß wir zu verschiedenen Zeiten gemessen haben." Philip beantwortete die Frage, wieso die Tageszeit diese Unterschiede hervorbringen könne, so: „Weil die Röhren am Nachmittag heißer werden." Dem widersprach Margaret mit dem Argument: „Es liegt daran, daß wir länger in dem Raum gewesen sind." Colin dagegen: „Die Sonne scheint hier nachmittags herein."

Sie beschlossen herauszufinden, ob die Tageszeit irgendeinen Einfluß auf den Temperaturunterschied in der Klasse haben könne. Zu diesem Zweck lasen sie die Temperatur zu bestimmten Tageszeiten eine Woche lang ab.

Timothy hatte die Temperatur an verschiedenen Stellen des Zimmers gemessen und die Ergebnisse in eine Tabelle eingetragen. Er zeigte sie seiner Lehrerin und sagte: „Am kältesten ist es in der Nähe des Fensters. Ich glaube, weil es da zieht." Die Lehrerin prüfte die Tabelle und fragte ihn, ob er sagen könne, weshalb die Zimmermitte so warm sei. Sie sei doch am weitesten von der Heizung entfernt. Timothy meinte, daß die warme Luft von den Heizröhren aufsteige und durch den ganzen Raum ziehe. Auf die Frage, ob er eine Möglichkeit sähe, seine Annahme zu überprüfen, dachte er erst eine Weile nach. Dann schlug er vor, etwas auf die Heizung zu legen, um zu sehen, ob es sich bewege. Zusammen mit Terence und Malcolm versuchte er es mit einem kleinen Stück Papier und dann mit etwas Wollflaum von Malcolms Pullover. Der Wollflaum bewegte sich etwas und spornte sie an, den Versuch mit noch leichteren Materialien fortzusetzen, z. B. mit Talkum-Puder. Ihre Ergebnisse trugen sie in eine große Tabelle ein.

Susan und Marlene maßen die Temperatur im Speisesaal, der sich in einem Nebengebäude befand. Sie zeichneten eine einfache Skizze und trugen die Zahlen darin ein. Sie stellten fest, daß die Temperatur auf der Seite, die einer hohen Mauer gegenüberlag, höher war als auf der anderen. Hier befand sich offenes Gelände. Nach der Ursache hierfür befragt, argumentierten sie folgendermaßen:

Marlene: Wegen der Fenster.

Susan: Nein, das stimmt nicht; denn auf dieser Seite sind genausoviele.

Marlene: Wegen der Tür kann es auch nicht sein, denn sie hat von beiden Seiten den gleichen Abstand.

Susan: Die Wände bestehen aus übermalten Ziegeln, aber das kann auch nicht der Grund sein; denn eine Wand ist wie die andere.

Da diese Erklärungen nicht zutrafen und ihnen auch keine weiteren einfielen, schickte die Lehrerin sie noch einmal zurück, um nach stichhaltigen Begründungen zu suchen. Nach ihrer Rückkehr meinte Susan: „Ich glaube, der Temperaturunterschied kommt daher, daß die Außenwand die eine Seite schützt. Sie hält den kalten Wind ab."

Die Lehrerin gab der Gruppe eine Kerze und ein Stück Pappe und regte an, sich einen Versuch auszudenken, mit dem nachgewiesen werden kann, ob eine Wand den kalten Wind abzuhalten vermag. Die Kinder zündeten die Kerze an, hielten die Pappe davor und pusteten. Die Kerze brannte weiter. Ohne die Pappe ging die Kerze aus.

Marlene ersetzte die Pappe durch ihr Taschentuch und blies hinein. Dabei flackerte die Flamme. Sie erklärte das so: „Das Taschentuch ließ bestimmt ein bißchen Luft hindurch; denn die Flamme bewegte sich. Die Kinder entschlossen sich darauf, auch andere Materialien auf ihre Luftdurchlässigkeit zu überprüfen. Sie trugen die Materialien in eine Liste ein und schrieben jeweils dazu: „Ging aus", „flackerte" oder „bewegte sich nicht". Marlene sagte: „Wolle läßt ja Luft durch, und ich dachte, wir tragen Wollsachen im Winter, um nicht zu frieren."

Carole, die zugehört hatte, meinte dazu: „Es stimmt, Wolle hält warm!" Die Lehrerin diskutierte diesen Sachverhalt mit ihnen und gemeinsam entwarfen sie einen Versuch, um Caroles Behauptung zu überprüfen. Sie gossen kaltes Wasser in eine Blechbüchse, stellten die Temperatur fest und umwickelten die Büchse mit Wolle. Nach zehn Minuten lasen sie die Temperatur ab. Carole war sehr überrascht, als sie feststellen mußte, daß sich die Temperatur nicht verändert hatte. Sie meinte: „Dann hält Wolle doch nicht warm!" Susan argumentierte: „Wenn etwas bereits warm ist, verhindert die Wolle das Abkühlen." Die Lehrerin fragte die Kinder, wie sie diese Behauptung beweisen könnten. Denise schlug vor: „Wir müssen heißes Wasser in eine Konservenbüchse gießen und sie mit Wolle umwickeln. Dann kühlt das Wasser nicht ab." Der Versuch wurde durchgeführt, und die Ergebnisse wurden mit der Lehrerin besprochen. Trotz der Wolle kühlte das Wasser allmählich ab. Als Ursache vermuteten sie, daß die Wolle die Abkühlung zwar nicht verhindere, aber doch sehr verlangsame. Um das noch einmal zu überprüfen, gossen sie die gleiche Menge heißes Wasser in zwei gleich große Blechbüchsen. Sie umwickelten die eine Büchse mit Wollstoff und lasen in regelmäßigen Abständen an beiden die Temperatur ab. Die nicht umwickelte Büchse kühlte schneller ab.

Im Anschluß daran testeten sie noch anderes Material, um zu sehen, wie es sich im Vergleich zu Wolle verhielt. Drei Mädchen gesellten sich zur Gruppe dazu, und diese sechs arbeiteten nun den Rest der Zeit zusammen. In einem Brief an einen Textilfabrikanten im Ort baten sie um Informationen über Wolle und erhielten Muster und Broschüren. Aus einer der Broschüren erfuhren sie, wie man Lanolin beim Waschen von der Rohwolle trennt. Das interessierte sie. In der Hoffnung, etwas Lanolin zu gewinnen, wuschen sie Rohwolle, konnten aber keine Spuren im Wasser entdecken. Dann versuchten sie, Wolle zu bleichen und sie mit der Hand in Fäden zu drehen. Zu diesem Zeitpunkt besorgte die Lehrerin Spindeln und zeigte ihnen, wie man damit umgeht; aber sie fanden es sehr schwer, das Zerreißen der Wolle zu verhindern, und sie lernten es nicht richtig.

Carole, die Stoffreste prüfte, fragte, weshalb diese nur auf einer Seite farbig seien. Die Lehrerin erklärte, wie das gemacht wird, daraufhin beschäftigten sich die Kinder mit Kartoffeldrucken.

Über das Wochenende schrieben Denise und Janet einen Bericht: Wie unser Haus geheizt wird. Montag morgen zeigten sie ihrer Lehrerin die Arbeit. Denise lieh sich ein Thermometer, um herauszufinden, welcher Teil des Wohnzimmers am wärmsten sei. Am selben Tag kam Janet nach der Pause in das Klassenzimmer zurück und legte ihre Hände, die in Handschuhen steckten, auf die Heizröhren. „Mit Handschuhen wird es nicht so heiß", wandte sie sich an die Lehrerin. Auf deren Frage nach der Ursache meinte sie, daß die Handschuhe die Wärme daran hindere, bis zu ihrer Hand vorzudringen. Janet fragte gleich anschließend, ob sie noch andere Sachen ausprobieren könne, um zu sehen, ob sie sich ebenso verhielten. Gemeinsam mit Denise und Lynn G. probierte sie verschiedene Materialien aus und notierte die Ergebnisse. Die Lehrerin empfahl ihnen, eine große Wandkarte anzufertigen, um auch den anderen Kindern zu zeigen, was sie herausgefunden hatten. Begeistert stürzten sie sich in die Arbeit. Auf Denises Vorschlag befestigten sie eine Probe von jedem Material an der Karte und schrieben ihre Untersuchungsergebnisse daneben.

Nachdem die drei Mädchen diese Karte fertiggestellt hatten, wollten sie eine neue mit der Überschrift „Wie unser Haus geheizt wird" herstellen. Sie besprachen den Plan mit ihrer Lehrerin und erklärten ihr, daß sie die Zeichnungen der Heizungen, die sie schon zu Hause angefertigt hatten, dort anheften wollten. Die Lehrerin riet ihnen, auch Bilder aus Illustrierten auszuschneiden. Die Übersichtskarte wurde sehr sorgfältig geplant. Timothy mußte ihnen helfen, gerade Linien zu ziehen. Er schrieb dann erst mit Bleistift vor („falls wir uns verschreiben"), und Denise zog die Buchstaben – nachdem sie den Text auf Fehler überprüft hatte – mit Tinte nach. Anschließend wurden Abbildungen von Gasheizungen, die die Mädchen im Informationszentrum der städtischen Gaswerke erhalten hatten, und aus Illustrierten ausgeschnittene Bilder von Elektro- und Ölheizungen sowie eigene Zeichnungen auf der Karte befestigt.

Angeregt durch das Schreiben an den Textilfabrikanten schrieb eine andere Gruppe eine Anzahl von Briefen mit der Bitte um Informationen über Gas, Öl, Kohle und Elektrizität. Über jedes dieser Themen fertigten sie ein Heft an. Timothy baute ein großes Modell eines Bergwerkes. Die anderen Kinder fanden das so interessant, daß sich bald die ganze Klasse daran beteiligte. Als Vorlage für das Modell dienten Bilder und Diagramme aus den Broschüren, die er auf seine Anfragen hin erhalten hatte. Die Seilwinde, an der der Förderkorb hing, wurde mit einem Batterie-Motor betrieben. Da die Kinder daran sehr interessiert waren, erzählte ihnen die Lehrerin von der Arbeit in einem modernen Bergwerk. Ihr mit Bildern illustrierter Vortrag löste eine lebhafte Diskussion aus. Mehrere Kinder schrieben über Bergwerke und Kohlenbergbau und hefteten ihre Arbeiten in einen Ordner, der neben dem Modell lag.

Mehrere Jungen fragten die Lehrerin, wie ein Alkoholthermometer funktioniere. Sie half ihnen, ihre eigenen Ideen auszuprobieren. Die Jungen testeten einfache Thermometer, die sie aus mit farbigem Wasser gefüllten Medizinflaschen hergestellt hatten.

Ihre Thermometer stellten sie an warme Plätze (auf Heizungen, in heißes Wasser), um zu sehen, wie hoch das Wasser im Röhrchen aufsteigt. Ronald stellte fest, daß sich die zum Färben des Wassers benutzte Farbe am Boden absetzte, wenn man das Thermometer ein oder zwei Tage unbenutzt stehen läßt. Er fragte, ob es möglich sei, andere bereits gefärbte Flüssigkeiten zu benutzen und schlug blaues Paraffin vor. David H., ein weiteres Gruppenmitglied, wollte es mit gefärbtem Spiritus, den er in Spiritusbrennern gesehen hatte, versuchen. Die Lehrerin warnte die Jungen und machte ihnen die Gefährlichkeit dieser leicht entzündlichen Flüssigkeiten deutlich. Sie erlaubte ihnen aber, den Versuch unter ihrer Aufsicht durchzuführen. Sie testeten beides in heißem Wasser und fanden heraus, daß sich, obwohl es mit beiden Flüssigkeiten funktionierte, der gefärbte Spiritus am meisten ausdehnte. Ronald meinte: „Spiritus dehnt sich wahrscheinlich stärker als Wasser oder Paraffin aus." In der folgenden Diskussion wurde deutlich, daß die meisten Kinder dieser Gruppe verstanden hatten, daß sich Flüssigkeiten bei Erhitzen ausdehnen, und zwar unterschiedlich.

Die Lehrerin fragte, ob sie mit der gleichen Versuchsanordnung herausbekommen könnten, ob sich auch Luft bei Erhitzen ausdehne. Sie gossen die Flüssigkeit aus, führten die Strohhalmspitze in eine Schüssel mit Wasser und erwärmten die Flasche mit ihren Händen (Abb. 25). Aus dem Strohhalm entwichen Bläschen, die im Wasser aufstiegen. Malcolm erklärte das so: „Die Luft dehnt sich aus und drängt nach draußen." Sie rätselten über die Luftmenge, die herauskam und versuchten, mehr darüber zu erfahren. Dazu führten sie ein Experiment durch, das die Lehrerin in einem Buch gefunden hatte. Sie stülpten einen Luftballon über den Hals einer Medizinflasche und erwärmten sie. Die Jungen versuchten zuerst, die Flasche mit ihren Händen zu erwärmen, aber das hatte keine Wirkung auf den Luftballon. Daraufhin stellten sie die Flasche auf die heißeste Heizung im Flur. Jetzt füllte sich der Ballon mit Luft. Das fanden sie so faszinierend, daß sie den Versuch noch oft wiederholten. Das Ergebnis zeigte ihnen, daß es zwischen der Temperatur und der Ausdehnung der Luft eine Beziehung gab.

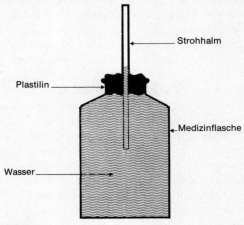

Abb. 25: Wasserthermometer

Während sie noch begeistert den Versuch wiederholten, sagte die Lehrerin: „Ihr habt festgestellt, daß Luft und einige Flüssigkeiten sich bei Hitze ausdehnen. Meint ihr, ihr könntet herausbekommen, ob andere Dinge das auch tun?" Über eine Woche lang wurde nicht mehr davon gesprochen, bis Barry fragte: „Können wir dieses Experiment machen? Dabei deutete er auf ein Bild in einem Buch, das er vom Ausstelllungstisch genommen hatte. Es zeigte einen zwischen zwei Stühlen gespannten Draht. In der Mitte hing ein Gewicht und mehrere Kerzen erhitzten den Draht (Abb. 26).

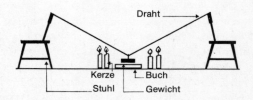

Abb. 26: Erwärmtes Metall dehnt sich aus

112

Die Jungen bauten alles Notwendige für das Experiment auf. David H. berichtete der Lehrerin: „Es klappt, die Kerzen machen den Draht länger, und die Schere (als Gewicht benutzt) berührt das Buch." Die Lehrerin schaute zu, als sie den Versuch wiederholten, aber der Zwischenraum zwischen dem Buch und der Schere war so groß, daß die Schere diesmal das Buch nicht berührte. Sie schlug vor, noch mehr Bücher übereinander zu stapeln, um den Abstand zu verringern. Das wurde auch gemacht. Als der Draht erhitzt war, berührte die Schere das oberste Buch.

David P. und Stephan wurden durch die Versuche der Gruppe, die sich mit dem Problem der Wärmeisolierung beschäftigt hatte, zu folgenden Experimenten angeregt: Zuerst versuchten sie herauszufinden, ob eine Büchse mit Etikett Wasser länger warm halte als eine ohne. Dann verglichen sie sechs Büchsen, die sie aus den vielen von den Kindern mitgebrachten Konservendosen ausgewählt hatten. Die Büchsen waren von verschiedener Größe. In jedes Gefäß gossen sie die gleiche Menge heißen Wassers hinein. Eine Büchse war mit einer Markierung versehen worden und diente so als Meßbecher. Die Kinder stellten in regelmäßigen Abständen die Temperatur fest, um herauszufinden, welche Büchse am schnellsten abkühlte. Die Gruppe, der sich dann noch vier Jungen anschlossen, blieb bis zum Ende des Schuljahres zusammen. Nach Abschluß ihres Experimentes schrieben sie: „Wenn man dieselbe Wassermenge in alle Konservenbüchsen gießt, dann kühlt die größte am schnellsten ab."

Bevor die Lehrerin mit ihnen besprechen konnte, was sie genau unter „größte" verstanden, ob es sich auf die Höhe, den Durchmesser oder das Fassungsvermögen bezog, begannen sie schon ein neues Experiment. Diesmal benutzten sie ohne Rücksicht auf die Größe eine Reihe von Gefäßen aus verschiedenem Material – Plastik, Glas und Metall.

Sie gossen in jedes dieselbe Menge heißen Wassers und stellten fest, daß das größte zwar am schnellsten abkühlte, die anderen aber nicht in der erwarteten Weise folgten. Einige kleine Gefäße kühlten schneller ab als solche von mittlerer Größe. Sie hatten dafür eine Vielzahl von Erklärungen parat. Einige Deckel paßten nicht genau, einige besaßen Etikette, andere nicht. Möglicherweise hatte auch das Material, aus dem die Dosen hergestellt waren, eine Wirkung auf den Abkühlungsvorgang. Sie entschlossen sich, das genauer zu untersuchen und nur Gefäße der gleichen Größe mit festsitzenden Deckeln aber aus unterschiedlichem Material zu verwenden. Doch war es schwer, ihre Ausrüstung zu standardisieren. Sie gelangten deshalb nicht zu abschließenden Ergebnissen.

Eine andere Gruppe erhielt einige alte Gefäße zum Warmhalten der Schulmahlzeit. Die Kinder sahen sie sich an, und Jan meinte, daß sie „aus zwei Lagen Zinn mit etwas wie Stoff dazwischen" bestanden. Als die Lehrerin ihn nach dem Grund fragte, antwortete er, daß Stoff Hitze am Entweichen hindere. Sie wollte dann wissen, ob er das beweisen könne. Die Kinder stellten eine kleine Dose in eine große und legten Stoff dazwischen. Daneben stellten sie eine andere nicht isolierte Büchse. In beide füllten sie heißes Wasser und stellten fest, daß die isolierte Dose die Hitze länger speicherte.

Als Elizabeth einige Mädchen Rohwolle spinnen sah, wurde ihre Neugier geweckt. Sie wollte wissen, ob Wolle ein Schaf wirklich warm halte. Zu diesem Zweck untersuchte sie Rohwolle, indem sie zwei gleichgroße Büchsen mit heißem Wasser füllte, eine mit Wolle umhüllte, die andere ohne Wolle ließ und alle 5 Minuten die Temperatur ablas. Susan P., Colin und Barbara beteiligten sich daran. In der folgenden Woche untersuchten sie ein von Elizabeth mitgebrachtes Pelzcape, um herauszubekommen, ob Fell die Tiere mehr wärme als Wolle. Später brachte Susan noch einige Federn mit. Die Lehrerin bat sie, den anderen von ihren Tests zu berichten, wobei sie erwähnte, daß Vögel bei kaltem Wetter ihre Federn aufplustern können, um sich warm zu halten. Timothy meinte: „Die Luft verhindert, daß die Körperwärme verlorengeht."

Die isolierende Eigenschaft von Luft wurde auch in einem von Susan C. und Marlene ausgeführten Experiment angesprochen. Sie füllten zwei Tassen mit heißem Wasser und stellten eine davon in eine Papiertüte. Diese war nach einer Stunde wärmer als die andere. Susan sagte: „Papier verhindert offenbar, daß die Wärme herauskommt."

David P. war damit nicht einverstanden: „Ich glaube das nicht, denn wenn man Papier auf die Heizung legt und es anfaßt, dann merkt man, daß es sehr heiß werden kann."

Die Lehrerin bat die ganze Klasse um ihre Meinung. Terence sagte: „Ich weiß es, die Luft in der Papiertüte hält das Wasser warm."

Mehrere Kinder bemerkten die aufsteigende Bewegung von warmer Luft. Christine und Lynn V. legten ein feuchtes Tuch zum Trocknen auf die Heizung. Nach einer Weile sagte Lynn: „Guckt mal! Dampf kommt aus dem Tuch, und er geht nach oben. Das kommt bestimmt daher, weil warme Luft nach oben steigt!"

Dann erhitzten Hazel und Pat eine mit Wasser gefüllte Konservendose über einer Kerze, um herauszubekommen, ob man auch so das Wasser zum Kochen bringen könne. Als sie den Vorgang beobachteten, sagte Pat: „Guckt mal! Der Rauch geht nach oben!"

Hazel erwiderte: „Ich nehme an, daß ihn die warme Luft nach oben drückt."

Aus all diesen Kommentaren ergaben sich weitere Gruppen- und Klassendiskussionen. Hazel und Pat waren bald mehr an der Tatsache interessiert, daß die Dose sich sehr rasch erwärmte als an der Möglichkeit, Wasser zum Kochen zu bringen. Sie stellten fest, „die Hitze muß also durch das Blech wandern". Hazel erklärte der Lehrerin, daß sie sehen wollten, wie die Hitze durch Dinge gehen könne. Die Lehrerin fragte sie nach ihren Vorschlägen, aber da sie keinen Plan hatten, dachten sie erst noch einmal darüber nach. Zuerst schlugen sie vor: „Wir können etwas in heißes Wasser legen und sehen, ob es warm wird." Die Lehrerin fragte, was sie dafür verwenden wollten. Sie wollten ein Messer, eine Gabel und einen Löffel benutzen. Auf die Frage der Lehrerin, worin sich diese Gegenstände unterscheiden, stellten sie fest, daß alle aus Metall waren und dachten nochmals darüber nach. Zwei Tage später zeigten sie der Lehrerin einen hölzernen Löffel, einen Löffel aus Metall und einen aus Plastik, die sie von zu Hause mitgebracht hatten. Diese wurden dann in heißes Wasser gelegt. Sie fanden heraus, daß die Hitze schnell durch den Metallöffel hindurchging, d. h., er wurde rasch warm, der Holz- und Plastiklöffel dagegen kaum.

Obwohl die Kinder sowohl Thermometer mit Fahrenheit- als auch mit Celsiusskalen benutzten und auch Thermometer besaßen, die beide Skaleneinteilungen hatten, dauerte es fast zwei Wochen, bis Graham fragte, was das ‚C' bedeute. Tommy informierte ihn, „es bedeutet Celsius und das ‚F' bedeutet Fahrenheit, wie bei der Wettervorhersage." Niemand konnte weitere Auskünfte geben, obgleich Tommy vermutete, daß die beiden Skalen im gleichen Zusammenhang stehen müßten wie Millimeter und Zentimeter, etwa soundsoviel Celsius ergeben ein Fahrenheit. Daraufhin erzählte die Lehrerin der gesamten Klasse von der Entstehung der Skalen.

An einem sonnigen Tag bemerkte Susan: „Mein Tisch wird dort warm, wo die Sonne hinscheint." Die übrigen Kinder waren sofort interessiert. Ein Gespräch über Sonne und Schatten begann. Lynn V. befestigte in einer Entfernung von 30 cm zwei Thermometer auf ihrem Tisch, eines in der Sonne und eines im Schatten. Der Unterschied zwischen beiden betrug mehrere Grade. Die Lehrerin fragte, ob die Kinder glaubten, daß die Sonne das Meer ebenso wärme wie das Land und was sich wohl schneller erwärmen würde. Hazel schlug vor, man solle etwas Erde und etwas Wasser in die Sonne stellen, um das herauszufinden. Während Hazel und David S. an dem Experiment arbeiteten, bemerkte Malcolm, daß ein Dosendeckel die Sonnenstrahlen an der Wand reflektierte. Xvonne sagte dazu: „Ich möchte wissen, ob die Wand jetzt wärmer ist, denn sie ist ja nicht mehr im Schatten." Die anderen Kinder meinten, sie müsse wärmer sein, und das führte zu weiteren Experimenten. Lynn V., Philip und David nahmen eine blanke Dose mit in den Heizungskeller, um zu sehen, ob sie die Hitze vom Heizofen reflektiere. Sie konnten damit die Temperatur um 4 °F erhöhen. Malcolm, Barry und Colin probierten viele Dinge aus, um zu sehen, welche davon die Sonnenstrahlen reflektierten. Sie kamen zu dem Schluß, daß sich glänzende Dinge wie Glas oder Spiegel am besten dazu eigneten.

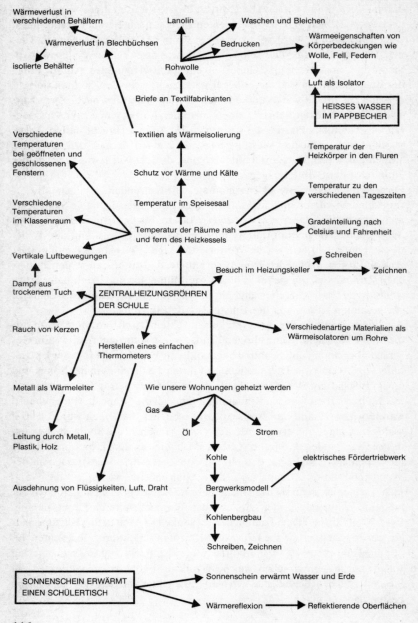

Schall II

Alter	9–10 Jahre, in Fähigkeiten und Leistungen heterogen zusammengesetzt
Klassenstärke	41 Jungen und Mädchen
Gesamtschülerzahl	250 Schüler
Zeit	Herbst
Gebäude	stammt aus dem 19. Jahrhundert; wird vermutlich bald ersetzt
Klassenzimmer	groß und geräumig; modernes Mobiliar
Umgebung der Schule	gegenüber liegt eine Eisengießerei, die Gaswerke sind 10 yards entfernt; die Schüler kommen zum größten Teil aus zwei neuen Wohnsiedlungen
Geographische Lage	Nordosten Englands; Kleinstadt; Textil- und Kunstfaserindustrie; Landwirtschaft

Die Lehrerin bat die Kinder, alles mit zur Schule zu bringen, womit man Geräusche erzeugen kann. Am nächsten Tag waren eine Geige, eine Babyrassel, eine Dose mit Erbsen, ein Grammophon und andere Gegenstände da. Sie wurden zusammen mit einigen Schulinstrumenten, einer Stimmgabel und Büchern über Schall auf einem Tisch ausgelegt. Die Kinder waren interessiert, und während sie sich mit den Dingen beschäftigten, hörte die Lehrerin ihren Gesprächen zu.

Sie sprachen über ihre Entdeckungen und schrieben auf, was sie darüber wissen wollten. Diese Informationen genügten der Lehrerin, um einen Themenkatalog zusammenzustellen.

1) Geräuscherzeugung
2) Tonhöhe
3) Tonstärke
4) Übertragung von Schall
5) Schallisolierung
6) Feinheit des Gehörs

Den Kindern standen sehr viele Materialien für ihre Experimente zur Verfügung. Außerdem gab es genügend Platz, um die Ergebnisse auszustellen. Nach einer kurzen Diskussion wählten sich die Kinder Themen aus und bildeten Interessengruppen. Jede Gruppe beschäftigte sich zu Beginn mit einer speziellen Frage. Als die Lehrerin später alles überblicken konnte, hielt sie die Themen für zu formal und für diesen Zweck eigentlich nicht geeignet. Der größte Teil der Arbeit wurde in Gruppen erledigt. Von Zeit zu Zeit gab es Klassengespräche, und gelegentlich kam es zu einer gemeinsamen Aktivität, z.B. wenn eine aufregende Entdeckung in einer Gruppe die Aufmerksamkeit aller auf sich zog. Die Arbeit in den verschiedenen Gruppen entwickelte sich folgendermaßen:

1. Geräuscherzeugung

Die Kinder fertigten als erstes eine Liste all der Geräusche an, die ihnen einfielen, und schrieben dazu, wie sie erzeugt werden. Als sie Sand auf eine Trommel rieseln ließen, sie dann anschlugen und die Sandkörnchen daraufhin auf und ab hüpften, stellten sie fest, daß Geräusche mit Schwingungen im Zusammenhang stehen. Sie schlugen auch die Stimmgabel an und fühlten die Schwingungen.

Die Lehrerin stellte einen zur Hälfte mit Wasser gefüllten Krug auf den Tisch. Graham entdeckte bald, daß sich kleine Wellen bildeten, wenn er die Wasseroberfläche mit der vibrierenden Stimmgabel berührte. Die Kinder waren an Saiteninstrumenten interessiert und begannen, sich eigene zu bauen. Das war nicht überraschend, da mehrere von ihnen Geige spielten und verschiedene Saiteninstrumente in der Klasse zur Verfügung standen. Sie fanden heraus, daß der Ton höher oder tiefer war, je nachdem ob die Länge oder die Spannung einer Saite verändert wurde.

Beim Bau einer Harfe entdeckte John, daß langer Draht langsam vibrierte und tiefe Töne erzeugte, kurzer Draht hingegen schnell vibrierte und hohe Töne erzeugte. Er glaubte, daß die Höhe von der Geschwindigkeit abhing, mit der die Saite vibrierte. Die Lehrerin führte in diesem Stadium das Wort „Frequenz" ein und erklärte, daß die Frequenz verschiedener Töne gemessen werden könne. Daraufhin spannten die Kinder noch einmal eine schwingende Saite und entdeckten dabei, daß auch dadurch die Frequenz verändert wurde.

Die Gruppe baute und untersuchte mehrere Schlaginstrumente, darunter Trommeln, Rasseln und ein ‚Flaschen-Xylophon'. Sie nahm auch einige Geräusche auf Band auf und spielte sie der übrigen Klasse vor, die sie identifizieren mußte.

2. Tonhöhe

Die Kinder fingen mit dem Bau von Saiteninstrumenten an und gingen dann einen ähnlichen Weg wie die erste Gruppe. Sie experimentierten mit Saiten aus unterschiedlichen Materialien und stellten immer wieder fest, daß die Höhe anstieg, wenn die Saite verkürzt oder gespannt wurde. Valerie baute ein einfaches Instrument aus Nägeln, einem Stück Holz und Nylonfäden. Jede Saite war etwas straffer als die folgende (Abb. 28). Als ein Kind aus der Gruppe meinte, daß die Stärke der Saite die Höhe des Tones beeinflusse, wurde Valeries Instrument zur Überprüfung dieser Hypothese verwendet. Die Kinder probierten verschieden starke Saiten und Nylon-Angelschnur. Sie fanden Bilder von Xylophonen und fragten, ob sie solche Instrumente bauen dürften. Die Lehrerin besorgte ihnen Metallröhren und einige Brettchen aus Eichenholz. In einem Buch lasen die Kinder, daß die Plättchen auf Gummi oder Filzstreifen liegen müßten. Statt Gummi oder Filz verwendeten sie Balsaholz. Sie bauten auch Nagelxylophone, waren damit aber nicht zufrieden, da die Nägel nicht gut vibrierten. Bald überschnitt sich die Arbeit der beiden ersten Gruppen und ging allmählich ineinander über.

Paul brachte einen Wasserkessel zur Schule mit. Jeder konnte hören, daß bei Anstieg des Dampfdruckes der Pfeifton höher wurde. Dieser Versuch veranlaßte zwei Mädchen, einen Bericht über Blasinstrumente zu schreiben und ihre Funktionsweise zu erklären. John schrieb über die Rohrflöte, die er bastelte, und Valerie fügte einen Abschnitt über eine Tretorgel hinzu. Dieser Bericht war eine Mischung von direkten Erfahrungen und Angelesenem.

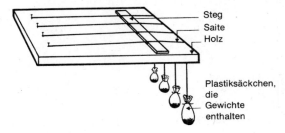

Steg
Saite
Holz

Plastiksäckchen,
die
Gewichte
enthalten

Abb. 28: Valeries Saiteninstrument

119

3. Tonstärke

Die Kinder verfolgten in ihren Untersuchungen zwei Hauptlinien. Die Jungen experimentierten mit einem alten Grammophon, um herauszubekommen, wie man einen möglichst lauten Ton erzeugen könne. Sie steckten eine Nadel in einen Balsaholzblock und hielten die Spitze in die Rille einer alten Schallplatte auf dem Plattenteller, dann befestigten sie die Nadel am Rand einer runden Käseschachtel, anschließend an der Spitze einer Papiertüte usw., bis sie den wirksamsten Verstärker gefunden hatten. Die Anregung dazu stammte aus einem Buch. Sie entdeckten, daß ihre Xylophone auf Tischen lauter klangen als auf dem Boden. Daraufhin schlug die Lehrerin vor, doch einmal eine Reihe von Kästen auszuprobieren. Die Mädchen experimentierten mit Klanghölzern. Sie verglichen den Ton eines auf dem Boden liegenden Xylophonplättchens mit den Tönen von Plättchen, die auf einem Balsaholzstreifen oder auf einer Holzschachtel lagen.

Ein Junge, der die Versuche beobachtet hatte, berührte die Schachtel mit einer Stimmgabel und stellte fest, daß sie den Ton verstärkte. Er war sicher, daß eine größere Schachtel den Ton noch mehr verstärken würde und sammelte deshalb eine Anzahl Pappkartons, um seine Annahme zu überprüfen. Die Arbeit endete damit, daß er das Volumen jeder Schachtel schätzte.

Der Rest der Gruppe baute Megaphone in unterschiedlichen Formen und Größen und verwendete sie dann als Hörrohre. Kenneth versuchte ihre Wirkungsweise mit dem Argument zu erklären: ,,Sie bringen die Schallwellen in einen Brennpunkt." Sie schlossen ihre Untersuchungen ab, indem sie mit Dosen das Sprichwort ,,Leere Gefäße machen den meisten Lärm" überprüften.

4. Übertragung von Schall

Die fähigsten Kinder der Klasse gehörten der Gruppe an, die sich mit der Übertragung von Schall befaßte. Sie begannen mit dem Bau von ,,Sprechröhren" aus Plastiktrichtern und Gummiröhren. Ihre Aufzeichnungen darüber zeigten sie ihrer Lehrerin. Sie hatte das Gefühl, daß sich daraus noch etwas machen ließe und fragte deshalb: ,,Wie weit überträgt die Röhre eure Stimme?" Die Kinder zeigten sich an diesem Problem interessiert und nahmen das längste Stück Gummirohr, das sie finden konnten. Sie stellten fest, daß ihre Stimmen am anderen Ende gut zu hören waren. Dann bauten sie Bind-

Abb. 29: Der Draht wurde durch Bindfaden ersetzt. Das Ausmaß, in dem sie Schall leiten, wurde verglichen.

fadentelefone. Die Idee dazu hatten sie einem Buch entnommen. Um die Übertragung zu verbessern, experimentierten sie mit unterschiedlich starken Bindfäden und verschiedenen Hörmuscheln.

In der Altmetallkiste war noch Draht. Zwei Kinder bauten daraus ein Telefon. Sie versuchten, die Wirksamkeit von Draht und Bindfaden zu vergleichen, hatten aber Schwierigkeiten. Dann kamen sie auf die Idee, das Tonbandgerät zu benutzen. In die beiden Hälften einer Keksdose wurde jeweils in die Mitte ein Loch gebohrt. Die Kinder verbanden die Dosen mit einem Draht und stellen sie 6 feet voneinander entfernt auf. Dann legten sie in eine Schachtel einen Wecker und ein Mikrophon in die andere (Abb. 29). Anschließend wiederholten sie den Versuch mit einem Stück Wäscheleine. Zum Schluß hatten sie die Übertragungsfähigkeit der verschiedensten Schnüre und Drähte aufgenommen. Anschließend spielten sie das Band mehrere Male ab und entschieden, welches Material das beste sei.

Aus einem Buch übernahmen sie die Idee, die Heizungsröhren abzuklopfen, um festzustellen, ob der Schall auch durch Metall läuft. Zur gleichen Zeit fragte Eric, ob auch Wasser den Schall leite. Er ließ sich von seiner Lehrerin eine Plastikröhre geben. Dann suchte er nach Korken, um ihre beiden Enden damit zu verschließen. Da er aber keine fand, nahm er zwei Tischtennisbälle. Einen Ball klebte er in das eine Ende der Röhre, füllte sie dann mit Wasser und verschloß das andere Ende mit dem anderen Ball. Er hielt die Röhre waagerecht, schlug die Stimmgabel an und hielt sie an einen der Bälle. Sein Freund konnte den Ton am anderen Ende deutlich hören.

Die Lehrerin sagte zu diesem Zeitpunkt wenig, aber ein oder zwei Tage später fragte sie, ob der Schall von der Stimmgabel an ihr Ohr hätte gelangen können, ohne durch das Wasser gegangen zu sein. Eric sagte sofort: „Na, klar! Er hätte auch an der Röhre entlanggehen können."

Da er unbedingt beweisen wollte, daß der Schall auch durch Wasser geht, nahm er jetzt eine kleine Glocke und ein halb mit Wasser gefülltes Aquarium. Er läutete die Glocke unter Wasser und hielt sein Ohr gegen das Glas.

Nach einem Gespräch über Indianer, die bekanntlich auf den Klang der Pferdehufe horchen, wollten die Kinder herausfinden, ob Schall wirklich durch

121

den Boden geht. Sie fanden einen Riß im zementierten Boden des Spielplatzes, steckten einen langen Nagel hinein und schlugen mit dem Hammer darauf. Sie konnten den Schall 74 yards weiter weg durch den Boden hören, obwohl er sonst nicht zu hören war.

Obgleich sich die Kinder überwiegend direkt mit den Problemen auseinandersetzten, lasen sie auch gern in Büchern und suchten nach weiteren Informationen. Daraus erklärt sich auch ihr Entschluß, einen Bericht über moderne Methoden der Nachrichtenübermittlung zu schreiben. Er begann mit einem kurzen Abschnitt über das Leben und die Arbeit von Marconi und enthielt auch Kapitel über Morsezeichen, den optischen Telegraphen, Telefon und Radio.

5. Schallisolierung

Die Gruppe stellte sich die Frage: „Wie können wir einen Raum schalldicht machen?" Um herauszufinden, was gut isoliert, deckten sie die verschiedensten Materialien der Reihe nach über einen Wecker. Sie stellten fest, bis zu welchem Punkt der Wecker noch zu hören war, und trugen die Ergebnisse in ein Blockdiagramm ein. Anschließend wollten sie herausfinden, wie gut man ein Zimmer gegen den Lärm eines Transistorradios isolieren könne. Sie bauten deshalb in einen großen Pappkarton ein Fach ein, in das gerade ein Transistorgerät hineinpaßte. Der Raum zwischen dem Fach und den Seiten des Kartons wurde mit Materialien ausgefüllt, die sich als gute Isolatoren erwiesen hatten. Als die Kinder das Radio anschalteten und es in den Karton legten, war es nicht mehr zu hören.

Die Lehrerin schlug vor, mit dem Tonbandgerät an das Schultor zu gehen, um den Straßenlärm aufzunehmen. Als die Kinder später ihre Aufnahme hörten, überlegten sie sich Möglichkeiten zur Verringerung des Lärms. Unter anderem schlugen sie vor, die üblichen Milchflaschen, deren Geklapper die Leute frühmorgens wecke, durch solche aus Plastik zu ersetzen.

6. Feinheit des Gehörs

„Wie hören wir?" Diese Frage interessierte die sechste Gruppe, deren Mitglieder hauptsächlich mit Büchern arbeiteten. Sie informierten sich über das menschliche Ohr, zeichneten ein Schema von seinem Aufbau und schrieben einige Berichte über die Feinheit des Gehörs bei Tieren. Sie zeichneten außerdem die Schallfrequenz von Musikinstrumenten auf und informierten sich über den Hörbereich verschiedener Lebewesen, einschließlich des Menschen. Einige Stichwörter über Fledermäuse, und wie sie navigieren, wurden beigefügt.

Als sie gegen Ende des Schuljahrs die Lehrerin baten, ihnen mehr über Schallwellen und deren Eigenschaften zu erzählen, zeigte sie ihnen darüber einen Film. Außerdem stellte sie einen Oszillographen auf, um die Schallwellen ihrer Instrumente und Stimmgabeln sichtbar zu machen.

Als Linda erzählte, daß der Schall eine Geschwindigkeit von 650 Meilen in der Stunde habe, war die ganze Klasse interessiert. Auf die Frage der Lehrerin, wie man das messen könne, erwiderten zwei Jungen, daß man einen Ton erzeugen und feststellen müsse, wie lange er für eine Meile brauche. Während der folgenden Diskussion fragte die Lehrerin, ob sich dazu ein Feuerwerkskörper eigne. Die Kinder hielten diesen Vorschlag für ideal. Einige wählten einen langen, geraden Pfad zwischen zwei Feldern aus und maßen eine Viertelmeile ab. Anschließend befestigten sie einen Feuerwerkskörper an einem langen Stock und stellten ihn so auf, daß er aus der Entfernung noch sichtbar war. Jedesmal, wenn ein Feuerwerkskörper losging, stoppten die Kinder am anderen Ende des Pfades die Zeit, die zwischen dem Aufleuchten und dem Knall lag.

Ein Auszug aus Lindas Aufzeichnungen hört sich so an:
„Meine Lehrerin und die Jungen sahen nicht das Aufleuchten und hörten *dann* den Knall. Sie sahen das Aufleuchten und hörten *gleichzeitig* den Knall. Weil sie direkt unter dem Schall waren. Es dauerte nicht so lange, bis er zu ihnen gelangte. Wir waren aber eine Viertelmeile weg, deshalb dauerte es eine Weile, bis er uns erreicht hatte:

    1. Versuch: Zeit $1\frac{1}{2}$ Sek.
    2. Versuch: Zeit $1\frac{1}{5}$ Sek.
    3. Versuch: Zeit $1\frac{1}{5}$ Sek.
    4. Versuch: Zeit $1\frac{1}{5}$ Sek.

Ich glaube, daß ich beim erstenmal, als ich das Ergebnis $1\frac{1}{2}$ Sek. stoppte, einen Fehler gemacht habe. Deshalb nahmen wir diese Zeit auch als $1\frac{1}{5}$ Sek. an."

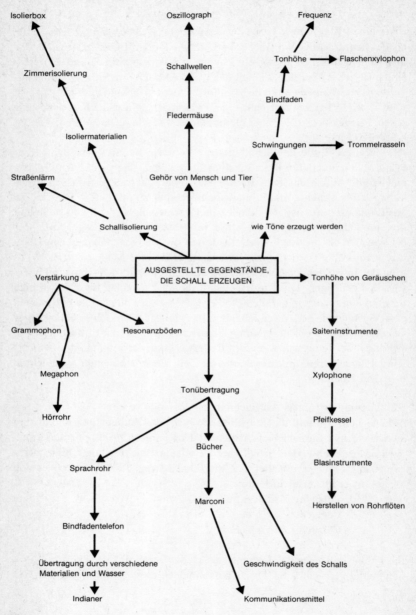

Die Kinder stoppten die Zeit, die sie für ihren Rückweg zur Schule benötigten. Damit begannen sie sich für Geschwindigkeiten zu interessieren. Sie stellten fest, wie schnell sie gehen, rennen, radfahren und hüpfen konnten und verglichen damit die Geschwindigkeit von Säugetieren, Vögeln und Flugzeugen. Katharina las über den Ausbruch des Krakatau und schrieb einen Bericht darüber. Außerdem zeichnete sie eine Landkarte mit allen Plätzen, an denen der Ausbruch wahrgenommen worden war. Eric stellte die Zeitpunkte fest, an denen man den Ausbruch an verschiedenen Stellen wahrgenommen hatte und rundete damit die Arbeit ab.

Ziegelsteine und Glas

Alter	9–11 Jahre, in Fähigkeiten und Leistungen heterogen zusammengesetzt
Klassenstärke	35 Jungen und Mädchen
Gesamtschülerzahl	238 (5–15 Jahre)
Zeit	Herbst und Frühjahr
Gebäude	aus dem 19. Jahrhundert; dunkel und unansehnlich
Klassenzimmer	überfüllt; hohe Fenster; modernes Mobiliar, einige Tische an den Seiten; eine Werkbank
Umgebung der Schule	Industriegebiet entlang eines Flußufers, viel unbebautes Land, Eisenbahnen, Tongruben, stillgelegte Erzgrube, Kühltürme, Leitungsmasten, Schornsteine und der Schmutz vieler Fabriken
Geographische Lage	Nordostengland, städtische Umgebung, jahrzehntelang florierte der Bergbau; jetzt gibt es nur noch eine Zeche; Hauptindustrien: Ziegel- und Glasherstellung, Chemie- und Elektroindustrie

Ziegelsteine

Die hochindustrialisierte Umgebung der Schule bot viele Untersuchungsmöglichkeiten. Als das Thema mit der Klasse besprochen wurde, war klar, daß die Kinder einen Besuch in einer Ziegelei sehr begrüßen würden. Deshalb war auch die Herstellung von Ziegelsteinen das erste Thema, das bearbeitet werden sollte.

Besuch einer Ziegelei

In der Nähe der Schule gab es mehrere Ziegeleien. Eine davon wurde dann einfach als „geeignet" betrachtet. Maureen übernahm freiwillig die Aufgabe, schriftlich um Erlaubnis zu bitten, sie besuchen zu dürfen.
In der Ziegelei teilte sich die Klasse in drei Gruppen, die je einem Führer zugeteilt wurden. Der Lehrer schloß sich einer Gruppe an, der Beobachter vom Nuffield Projekt einer anderen. Der Weg vom Rohmaterial bis zum Fertigprodukt führt vom Rohmaterial zur Mischanlage und von dort zum Trocken-

raum und zum Brennofen. Eine Gruppe folgte diesem Weg. Die anderen beiden Gruppen fingen bei der Produktion an, um einen Stau zu vermeiden. Bald sprachen die Kinder ohne Scheu mit ihren Führern, und es stellte sich heraus, daß es zwei unterschiedliche Arten von Fragen gab. Die ersten (vorbereiteten) Fragen kamen schon sehr früh und lauteten so:

> „Wie färbt man Ziegelsteine?"
> „Warum färben Sie die Ziegelsteine?"
> „Wieviele Ziegelsteine stellen Sie in einer Woche her?"
> „Wieviel verdienen die Männer jede Woche?"
> „Wieviele Leute arbeiten hier?"
> „Wieviele arbeiten im Büro?"

Diese Fragen wurden von den Kindern nach dem Besuch nicht weiterverfolgt. Spontane Fragen kamen später auf, als die Kinder mehr in die Materie eingedrungen waren.

> „Warum sind die Ziegelsteine, die Sie herstellen,
> rechteckig?"
> „Wie kommen sie (die Steine) hier
> rein (in den Brennofen)?"
> „Was ist das?" nachdem sie eine Abfallhalde
> gesehen hatten.
> „Ist das Abfall?" – es waren zerbrochene
> Ziegel.
> „Sind die zerbrochenen Ziegel nicht mehr
> zu gebrauchen?"
> „Wie hoch ist der Schornstein?"
> „Aus wie vielen Ziegelsteinen besteht der
> Schornstein?"

Die beiden letzten Fragen stellten die Kinder unabhängig voneinander in zwei der drei Gruppen.

Die Fragen wurden – zusätzlich zu den Einzelheiten, die die Führer erklärten – in einer kindgemäßen Form beantwortet. Aber leider konnte man die Führer – wie bei so vielen Betriebsbesichtigungen – nur verstehen, wenn man nahe bei ihnen stand.

Für die meisten älteren Schüler hatten von den Maschinen, die in Betrieb waren, die Brennöfen die größte Anziehungskraft. Viele Jungen zeigten großes Interesse an der Funktionsweise der Maschinen, besonders an der Kranschaufel, am elektrischen Greifer, am Kipplaster und Gabelstapler. Noch mehr Spaß machte es ihnen, Karten, die man ihnen gegeben hatte, in die Stechuhr zu stecken. Die Kinder durften allerhand mitnehmen. Zum Schluß besaßen die drei Gruppen eine Menge Ton (gebrannten und ungebrannten) und Ziegel von unterschiedlicher Größe und Farbe (zerbrochene und noch gut erhaltene).

Am nächsten Tag wollten alle, auch die schwächsten Schüler, etwas über den Besuch schreiben. Um mehr Ordnung in die Aufzeichnungen zu bringen, wurde die Klasse in vier Gruppen aufgeteilt. Die Berichte, die die verschiedenen Gruppen schrieben, hatten Titel wie „Was der Mensch alles aus Ton herstellt".

Der Besuch hatte die Kinder zum Nachdenken angeregt. Deshalb waren die Niederschriften selbstständige Leistungen. Sie wirkten lebendig, und oft wurden die richtigen technischen Ausdrücke verwendet. Manche schrieben über den gesamten Besuch in chronologischer Reihenfolge, andere beschäftigten sich mit speziellen Dingen oder Ereignissen. Viele Zeichnungen, hauptsächlich von Jungen, spiegelten das Interesse an Maschinen und Fahrzeugen wider und zeigten vielfach Sinn für das Detail. Lawrence verband Beobachtungen und Phantasie zu einem kleinen Gedicht, das er „Wagen" nannte. Kleinere Gruppen erweiterten bald ihre Berichte über die Besichtigung. Eine stellte die Herstellung eines Ziegelsteins auf einem Wandfries dar. Während des Handarbeitsunterrichts der Mädchen bauten die Jungen ein großes – wenn auch nicht maßstabgetreues – Modell der Tongrube und der Ziegelei. Das Fundament bildeten große Pappkartons, feste Pappe und gut festgeklebte Papierseiten; darauf kamen Ton, Pappe, Stoff, Wolle, Plastilin, Weißdornäste, Modell-Bulldozer und mechanisches Spielzeug. Das fertige Modell ergab ein farbenprächtiges Abbild der Fabrik, und seine Erbauer waren damit sehr zufrieden.

Während des Besuches hatten zwei Kinder eine Frage gestellt, auf die aus mehreren Gründen erst später eingegangen werden konnte. Die Frage lautete: „Aus wie vielen Ziegelsteinen besteht der Fabrikschornstein?" Wie konnte sie beantwortet werden? Nach einer langen Diskussion wurde beschlossen, einen Quadratmeter an der Schulmauer abzugrenzen und die Ziegelsteine darin zu zählen. Das ergab dann ein Vergleichsmaß, von dem aus die Zahl der Ziegel einer Wand oder eines anderen beliebigen Baues berechnet werden konnte.

Eine Gruppe zählte anschließend alle Steine in der Schulmauer, berechnete ihre Gesamtfläche und stellte die durchschnittliche Zahl von Mauersteinen pro Quadratmeter fest. Andere Gruppen folgten diesem Beispiel. Um Wiederholungen zu vermeiden, schlug der Lehrer vor, daß jede Gruppe eine andere Mauer prüfen sollte. Sie erhielten ungenaue Ergebnisse, weil oft nur halbe Ziegel verwendet worden waren. Dazu kam, daß es sich um alte

Mauern handelte. Die Kinder stellten bald fest, daß auch die Größe der Ziegel unterschiedlich war.

Es wurde ihnen auch klar, daß sie die Methode, mit der sie die Zahl der Ziegel einer Mauer festgestellt hatten, nicht auf einen sich verjüngenden Schornstein übertragen konnten. Es schien, daß sich dieses Problem nicht zufriedenstellend lösen ließ. Claire aber, eines der beiden Mädchen, das die Frage gestellt hatte, beschäftigte sich zu Hause weiter mit diesem Problem und besuchte eines Abends mit ihren Eltern die Ziegelei. Der Werkmeister sagte ihnen, daß 300000 Ziegel für den Bau des Schornsteins verwendet worden waren. Claire und ihre Klassenkameraden gaben sich damit zufrieden.

Die unterschiedliche Größe der Ziegelsteine in der Schulmauer weckte das Interesse für Unterschiede zwischen Ziegeln ganz allgemein. Es war klar, daß man eine Sammlung im Klassenzimmer benötigte. Bald kam eine Menge Ziegel zusammen; die besten Fundstellen waren die Schutthalde in der Nähe und der Schulgarten. Als man 35 Ziegelsteine beisammen hatte – d. h. auf jedes Kind kam ein Stein –, durfte nichts mehr mitgebracht werden. Jeder Stein wurde gemessen und gewogen und seiner „Eigenschaftskarte" wurde noch folgendes zugefügt:

– der Name des Herstellers und das Herstellungsdatum
  (wenn bekannt)
– Farbe
– mögliche Verwendung
– Fundort

Viele Steine waren zerbrochen, und man konnte an ihnen erkennen, ob sie gut gebrannt worden waren. Es stellte sich heraus, daß die meisten der älteren Ziegel nachlässig gebrannt (innen blau) und aus dem heimischen Ton hergestellt worden waren. Ähnlichkeiten und Unterschiede der Ziegel aus der Sammlung wurden aufgezeichnet. Weitere Erkenntnisse ergaben sich, als man die Ergebnisse in Tabellenform darstellte.

Die Tongrube

Nach dem Besuch der Ziegelei erzählten die Kinder viel von einer Tongrube etwa 500 yards von der Schule entfernt. Viele aus der Klasse meinten, daß sie sie besichtigen und mit einer, die in Betrieb war, vergleichen sollten. Als die Beschäftigung mit den Ziegeln an Anziehungskraft verlor, schlug der Lehrer diese Besichtigung vor.

Die Arbeit in der Tongrube war im vorigen Jahr eingestellt worden, aber ein Teil der Eisenbahngleise und der Loren war noch vorhanden. Die Kinder nannten sie die Trödelbahn, und sie brachte vielen von ihnen die Zeit in Erinnerung, in der die Tongrube noch in Betrieb war. Christopher grub einen Teil einer Hacke aus und fragte: „Ist damit der Ton abgebaut worden?" Manche Schüler bejahten das, während andere meinten, für solche Arbeiten hätte man einen Bagger verwendet wie in der Tongrube der Ziegelei. David, dessen Vater in der Tongrube gearbeitet hatte, konnte die Angelegenheit klären; er sagte, daß man hier einen Löffelbagger benutzt habe und daß man Hacken nur verwendet hätte, wenn der Bagger nicht funktionierte.

Vor dem Aufbruch hatte der Lehrer die Klasse in acht Gruppen eingeteilt, in der Tongrube aber konnten sich die Schüler frei bewegen und ihren eigenen Interessen folgen. Die Kinder fanden ein Abflußrohr aus Ziegeln und mehrere runde Sandsteinkiesel. Die mitgebrachten Plastikbeutel waren bald mit blauem, braunem, orangefarbenem und weißem Ton gefüllt.

Eine Gruppe von vier Mädchen arbeitete zusammen und sammelte so viele Blumen und andere Pflanzen, wie sie finden konnte. Sie achteten besonders auf die Wurzeln dieser Pflanzen. Beim Herausziehen der Pflanzen mußten die Mädchen kräftig ziehen. Als der Lehrer sie fragte, wie sie den benötigten Kraftaufwand für das Herausziehen der verschiedenen Pflanzen berechnen könnten, meinte Theresa, daß das mit Hilfe einer Federwaage möglich wäre. In der Schule wurden verschiedene Samen in Töpfe, die mit Sand, Ton, Erde und Mischungen davon gefüllt waren, ausgesät. Einige Tage später war ein Mädchen sehr erbost darüber, daß jemand ihre Pflanzen zu stark gegossen hatte, denn das Wasser war fast 2 cm über der Oberfläche stehengeblieben. Susan gab die Erklärung dafür: „Der Ton läßt das Wasser nicht durch." Die Entwicklung der Saat wurde sorgfältig beobachtet und die Ergebnisse genau vermerkt.

Es gab noch weitere Experimente mit Ziegelsteinen. Der Lehrer schlug einer Gruppe vor, sie sollten ihre Ziegel 24 Stunden ins Wasser legen und beobachten, was dann geschehen würde. Am nächsten Tag wurden sie aus dem Wasser genommen und eigentlich waren sie nur naß, nichts weiter. Philip glaubte, daß das Wasser, wenn es farbig gewesen wäre, die Ziegel gefärbt hätte. Bald standen Ziegelsteine in mit schwarzer Tinte gefärbtem Wasser, und zur Freude der Kinder nahmen die Steine teilweise eine dunkle Färbung an. Die Steine saugten Wasser auf. Als Carol fragte, wieviel Wasser wohl aufgesaugt werden könne, ergab sich eine weitere Aufgabe. Zuerst stellten die Kinder einen Stein ins Wasser und zeichneten darauf den augenblicklichen Wasserstand an. Lynn wies darauf hin, daß der Wasserstand sich verringern könnte (durch Verdunsten), genau wie im Aquarium. Carol entgegnete, sie würde den Stein wiegen, und da sie das Gewicht des trockenen Ziegels kenne, würde sie wissen, wieviel Wasser der Stein aufgesogen habe. Dieser Vorgang wurde nach 24, 28 und 72 Stunden und nach einer Woche wiederholt. Später wurde genausoviel Wasser, wie die Ziegelsteine aufgesaugt hatten, in Flaschen gefüllt und neben den jeweiligen Ziegel gestellt.

Philip sorgte für eine Ausweitung des Themas. Er erwähnte, daß jemand bei ihm in der Straße eine Garage baue und dabei eine „Spezial-Masse" vor dem Weitermauern auf das Fundament „geschmiert" habe. Manche glaubten, diese Masse wäre Filz, anderen hielten sie für Holz. Als der Lehrer fragte, weshalb man diese Masse zwischen zwei Steinschichten lege, wurden die Arbeiten von Carol und Lynn sofort mit der Beobachtung von Philip in Verbindung gebracht. Um ihre Vermutung zu überprüfen, testeten die Kinder in einem Wasserbehälter Isoliermaterialien zwischen zwei Steinschichten.

George und William wollten wissen, was beim Erhitzen eines Ziegelsteins geschieht. Sie legten einen Stein auf eine Gasflamme in der Schulküche. Nach 30 Minuten schubsten sie ihn in eine Schüssel mit kaltem Wasser. Sie konnten Blasen beobachten, die an die Oberfläche des Steins traten. Später ließen sich feine Risse feststellen. Wie könnte man sie stärker erhitzen und so möglicherweise größere Veränderungen hervorrufen? Der Lehrer fragte den Hausmeister, ob der Ofen im Heizungsraum benutzt werden dürfe. Der Hausmeister war einverstanden, und vier Steine wurden zum Erhitzen ausgesucht.

George und William klassifizierten die Ziegel, wie Tab. 1 zeigt, und zeichneten dann die Ergebnisse ihres Tests wie Tab. 2 zeigt, auf. Anschließend berichteten sie der Klasse darüber.

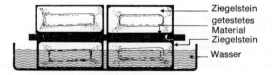

Abb. 31: Experiment, um Isoliermaterial zu testen

Tab. 1: Klassifizieren der Steine vor dem Test

Herstellungsjahr	Hersteller	Zustand
A 1964	Ziegelfabrik	völlig in Ordnung
B 1962	Throckley	auf einer Seite leichter Riß
C „sehr alt"	unbekannt	gut
D 1964	Throckley	völlig in Ordnung

Tab. 2: Aufzeichnen der Ergebnisse nach dem Test

Ziegelsteine	im Ofen	Verfahren	Ergebnis
A	3 Std.	in kaltes Wasser geworfen	große Risse, sonst in gutem Zustand
B	24 Std.	langsam abgekühlt	in nahezu zwei gleiche Hälften entlang eines Risses gespalten, kleiner geworden, wiegt weniger
C	24 Std.	langsam abgekühlt	die Form hat sich geändert, scheint eingeschrumpft zu sein, wiegt weniger
D	72 Std.	langsam abgekühlt	stark beschädigt, Koks- und Klinkerteile sichtbar, leicht mit dem Hammer zu zerschlagen.

Zweiter Besuch in Tongrube

Lawrence und James hatten zusammen mit Theresa eine Anlage gebaut, mit der sie Pflanzen aus dem Boden ziehen und die dafür benötigte Kraft messen wollten.

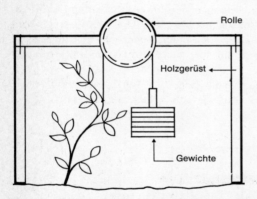

Abb. 32: Gerät, das die beim Herausziehen von Pflanzen benötigte Kraft mißt

Sie fragten, ob sie noch einmal zur Tongrube gehen dürften, um diese Anlage auszuprobieren.

Bei der Anwendung erwies sich der Apparat als unbrauchbar. Obwohl der Boden zu der Zeit noch teilweise gefroren war, war der Apparat zu unstabil, und so kamen die drei Konstrukteure wieder auf die Federwaage zurück. Sie befestigten sie an den Stengeln und zogen dann. Bei diesen Versuchen waren die Kinder erfolgreich. Beschädigten sie beim Herausziehen eine Wurzel, so wurde dieser Versuch nicht gezählt. Obwohl die Federwaage gezeigt hatte, daß sie funktionierte, waren Theresa, Lawrence und James immer noch davon überzeugt, daß ihr Apparat nur verändert zu werden brauche, um zu funktionieren. Die anderen Kinder konnten sich in der Zeit noch einmal in der Tongrube umsehen. Neue Funde waren eine noch gut erhaltene Schaufel, Eisenstangen und einige Schrauben und Bolzen. Der Bolzen, meinte Paul, stamme von den Schienen der Trödelbahn.

Die Herbstfärbung in der Natur war, wie einige Kinder bemerkten, seit dem letzten Besuch weit fortgeschritten. Susan sagte: „Man könnte glauben, hier brennt es. Seht, wie rot es überall ist."

Da nun noch mehr Ton in das Klassenzimmer gebracht wurde, ergab sich das Problem der Aufbewahrung. Der Lehrer meinte, am besten wäre es, irgendetwas damit anzufangen. Die meisten Kinder entschieden sich für das Modellieren, womit sie bereits Erfahrung hatten. David wollte den Ton brennen. Das warf ein neues Problem auf. Der Lehrer hatte keine brauchbaren Vorschläge. Hier nun war die Hilfe von Experten erforderlich. Man erhielt sie vom Fachbereich Kunst einer nahegelegenen Pädagogischen Hochschule. Es wurden Pläne für Sägemehl- und Koksbrennöfen entworfen. David und Christopher, zwei schwache Schüler, erhielten die Aufgabe, einen Sägemehlbrennofen zu bauen. Nachdem sie eine Stelle im Schulgarten eingeebnet hatten, errichteten sie den Brennofen in 30 Minuten, so schnell, daß ein zweiter, ähnlicher auch noch gebaut werden konnte. Die Abb. 33 zeigt eine Schemazeichnung des Ofens.

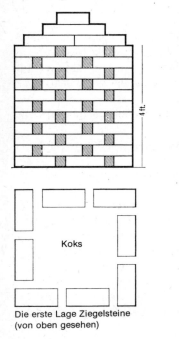

Die erste Lage Ziegelsteine
(von oben gesehen)

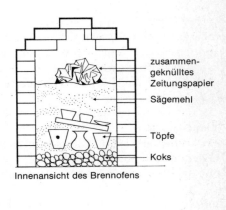

zusammen-
geknülltes
Zeitungspapier

Sägemehl

Töpfe

Koks

Innenansicht des Brennofens

Abb. 33: Seitenansicht des Brennofens

133

Der erste Brennvorgang mißglückte, weil das Sägemehl feucht war. Der nächste Versuch im zweiten Brennhofen dagegen war erfolgreich. Statt Paraffin wurden zusammengeknüllte Zeitungen und zwei Kerzen verwendet, um das Ganze zu entzünden. Als sie am Nachmittag die Zeitungen angesteckt hatten, wußten sie nicht genau, ob auch das Sägemehl anbrennen würde. Deswegen waren sie am nächsten Morgen überrascht, daß das Sägemehl vollständig verbrannt war. Das Innere des Ofens und die Töpfe waren noch sehr heiß. David und Christopher durften sie herausnehmen.

Einige Töpfe waren zerbrochen, die meisten aber in Ordnung. Die Stellen, die die Kinder mit einem Stück Holz poliert hatten, glänzten.

Bevor genügend gebrannte Ziegel gefunden worden waren, um einen koksbeheizten Brennofen zu bauen, ging das Schuljahr dem Ende entgegen. Die Kinder wollten aber auf jeden Fall im Frühjahr weitermachen. Der Erfolg mit dem primitiven Sägemehlofen hatte den Wunsch nach einem anspruchsvolleren Modell geweckt.

Glas

Vor den Weihnachtsferien fragte der Lehrer die Schüler, mit welchem am Ort produzierten Material man sich im neuen Jahr beschäftigen sollte. Einige Kinder hielten Kohle für interessant, aber das Bergwerk war zu weit entfernt. Dann schlugen andere Kinder die Beschäftigung mit Glas vor, weil viele Eltern in den Glasfabriken im Ort arbeiteten. Während der Weihnachtsferien machte der Lehrer folgendes:

- Er trat mit den Glasfabriken in Verbindung und entlieh Handwerkszeug der Glasbläser.
- Er schrieb an viele Glasfirmen, die weiter entfernt lagen, und bat um Literatur und Muster.
- Er stellte eine Sammlung von Büchern über Glas zusammen.

Zu Beginn des neuen Jahres fragte der Lehrer die Schüler, was sie über Glas wissen wollten. Es gab eine Menge Fragen, – sie sind in Anhang 1 verzeichnet. Die Arbeit am vorangegangenen Thema hatte sich aus einem Besuch der Ziegelei entwickelt. Vielleicht gab es bei diesem Thema andere Möglichkeiten, die Fragen zu beantworten. Die Kinder schlugen vor, die Glasfirmen um Informationsmaterial zu bitten. Daraufhin gab der Lehrer den Kindern ein Branchenfernsprechbuch. Es enthielt eine Reihe von Firmen, die mit Glas handeln. Schon bald waren die Kinder eifrig dabei, ihnen Briefe zu schreiben.

Die meisten Firmen antworteten, – ihre Briefe enthielten meist folgendes:
- die Adressen von Glasfabrikanten, mit denen die Großhändler zusammenarbeiten;
- die Adresse der Glas-Fabrikanten-Vereinigung; diese wiederum schickte Literatur und eine Liste von Glasherstellern aus England;
- Muster der verschiedenen Glasarten, unbearbeitete Glasaugen und Glas für optische Zwecke;
- Hefte, Broschüren, Kataloge, Karten und Tabellen;
- Antworten, die sich auf die Hauptprobleme bezogen, wie z. B. „Woraus wird Glas hergestellt?" (Antwort: Sand, Sodaasche (Sizilium) und Kalkstein);
„Was tut man hinein, damit Glas farbig wird?" (Metalloxyde);
„Wie heiß wird die Flüssigkeit?" (ungefähr 1400 °C).

Die Briefe, die sie jetzt schrieben, waren weit besser als ihre früheren. Die Schüler zeigten mehr Selbstvertrauen, ihr Ton war freundlicher und nicht so formell wie vorher. Einige entschuldigten sich für die Umstände, die sie verursachen würden, wieder andere bedankten sich schon im voraus. Jede Antwort wurde sofort bestätigt.

Die Kinder nahmen das Branchenverzeichnis wieder in Anspruch und baten „Plastikfabriken" um Informationen. Auch die Hersteller von Plastikmaterialien zeigten sich zur Mitarbeit bereit. Lynn erhielt von seiner Firma eine Reihe von Broschüren und eine große Kiste mit Plastikbehältern, Kegelspielen, Bechern und Spielsachen.

Mit Hilfe der Spezialliteratur, die im Klassenzimmer zur Verfügung stand, und mit den Informationen, die sie von den Firmen bekommen hatten, konnten die Kinder nun ihre eigenen Fragen beantworten und sich auf den Besuch in der Glasfabrik vorbereiten. Jeder schrieb die Aufzeichnungen über seine Arbeiten zuerst ins Unreine und dann ins Reine, um eine saubere Abschrift zu erhalten. Die Aufzeichnungen waren qualitativ besser als diejenigen, die sie vor drei Monaten angefertigt hatten. Es stellte sich heraus, daß von den 35 Kindern nur drei ihren Bericht direkt aus einem Buch abgeschrieben hatten. Da sie zu den schwächsten Schülern gehörten, wurden sie dafür nicht getadelt, sondern ermutigt, auch einmal „in eigenen Worten" zu schreiben.

Die Schüler trafen bald auf die gebräuchlichen technischen Bezeichnungen der Glasherstellung und hatten natürlich Schwierigkeiten mit den neuen Wörtern. Beim Entschlüsseln erwiesen sich die Instrumente der Glasbläser als nützlich. Da gab es das „Hefteisen" und das „Blasrohr". Arbeitsvorgänge, die sie in der Glasfabrik erwarteten, wurden in der Klasse im Spiel dargestellt. Jedes Kind hatte die Möglichkeit mitzuspielen, um vor dem Besuch das Handwerkszeug der Glasbläser zu prüfen und darüber reden zu können. Einen Tag vor der Besichtigung waren die Kinder aufgeregt und voller Erwartung. Dies war keine normale Besichtigung, denn sie würden Verwandte und Nachbarn treffen. Hinter Eingangstor und Stechuhr standen viele Eltern, um die Kinder zu begrüßen. Ritas Vater war einer der Führer und kümmerte sich die ganze Zeit um die Gruppe.

In der Mischanlage interessierte die Kinder besonders der Sand. Als Pauline fragte, woher er käme, sagte man ihr, es sei Silbersand aus Holland. Darauf entgegnete sie: „Ich habe mir gedacht, daß er nicht von hier ist, er ist zu weiß." Der Führer fügte hinzu, daß der Silbersand gereinigt worden sei. Wenn man den heimischen Sand auch so behandeln würde, wäre er wahrscheinlich genauso weiß. In der Mischanlage befand sich rotes Blei, das gefährlich und aufregend aussah.

Als Maureen sah, wie die Tontöpfe hergestellt wurden, fragte sie: „Sind die Fabrikanlagen deshalb gerade an dieser Stelle, weil hier Ton, Kohle und Sand vorkommen?"

Die Arbeit der Glasbläser faszinierte alle. Als David fragte, wie das vor sich gehe, wurde er aufgefordert, es doch einmal selbst zu versuchen. Er lehnte das Angebot ab, – dafür nahm Philip an. Das kam ganz unerwartet und die Kinder waren darüber begeistert. Leider mißglückte sein Versuch, eine schöne Kugel zu formen, da er viel zu stark geblasen hatte.

Die Kinder interessierten sich auch für das auf dem Boden liegende Glas, das jetzt abgekühlt war und „dicker, trockener Teermasse" ähnelte.

Die Endkontrolle hatte besonders für die Mädchen große Anziehungskraft; viele erklärten, daß sie später gern hier arbeiten würden. Die Frauen überprüften die fertigen Glaswaren, der Ausschuß wird weggeworfen.

Am Ende der Fertigungsabteilung befand sich eine eindrucksvolle Ausstellung von Gegenständen, die gegenwärtig in der Fabrik hergestellt werden. Darunter waren Katzenaugen, Glühbirnen, Neonröhren, Außenverkleidungen für Flughafenlampen, Fernsehröhren, Vasen, Trinkgläser und Briefbeschwerer.

Eine Auswahl von Fragen, die von einer Gruppe von 17 Kindern an den Führer gerichtet wurde, und einige der Antworten stehen im Anhang 2.

Am nächsten Tag beschäftigten sich die Kinder mit einer der folgenden Aufgaben:

– Sie schrieben ausführliche Berichte über den Besuch in der Fabrik. Dabei zeigte sich, daß die Kinder sich sehr genau an zahlreiche Einzelheiten erinnern konnten und ihre Berichte entsprechend ausführlich anlegten.
– Sie bereiteten ein Wandfries vor, der die Entstehung eines Glases vom Mischen der Materialien bis zur endgültigen Fertigstellung zeigte.
– Sie etikettierten die Gegenstände, die von der Besichtigung mitgebracht worden waren.

– Sie vollzogen den Herstellungsvorgang von Glas nach. Dabei wurden Originalinstrumente der Glasbläser verwendet.

Daraus ergaben sich Pläne für Untersuchungen, die in Gruppen durchgeführt wurden. „Können wir Glas machen?" war die am häufigsten gestellte Frage. Alan und Stephen, die hartnäckigsten Fragesteller, bekamen die Aufgabe, es zu versuchen. Sie erhielten dazu das Rohmaterial (Sand, Magnesit, Syenit, Bitterkalk, Borsäure, Laugen und Bruchglas). Es war aus der Glasfabrik mitgebracht worden. Von der Pädagogischen Hochschule wurde ein kleiner elektrischer Schmelzofen ausgeliehen. Die Schmelztiegel und die Zangen bekam die Klasse von einer Hauptschule aus der Nachbarschaft.

Während der folgenden Wochen mischten Alan und Stephen die Rohmaterialien in unterschiedlichem Verhältnis und schrieben sorgfältig die Menge eines jeden Materials (Einheit war 1 Teelöffel) und das Gesamtgewicht der Mischung auf (in Gramm). *Die Kinder, die dann die Versuche durchführten, wurden von einem gut informierten Lehrer betreut.* Jede Mischung wurde auf ca. 1000 °C erhitzt. Die Ergebnisse waren unterschiedlich; aber bei der siebten Mischung – $1/2$ Teelöffel von jedem Rohstoff, erhitzt auf die Höchsttemperatur des Ofens – erhielten sie blau gefärbtes Glas.

Bald danach verglichen die Kinder die Eigenschaften von Plastik und Glas. Mazorah und Theresa wollten wissen: „Wo kann man leichter Kratzer anbringen, auf Glas oder auf Plastik?" Sie verwendeten zehn Werkzeuge, mit denen man kratzen konnte. Ihre Härte reichte von der eines Fingernagels bis zu der des brasilianischen Quarzes. Mit ihnen wurde Perspex, eine weitere Kunststoffart, und Glas bearbeitet. Die Tests ergaben, daß Glas nur von Quarz eingeritzt werden konnte. Perspex hatte fünf Markierungen, während die anderen Kunststoffarten noch weicher waren. Als Maureen fragte: „Was ist besser, Glas oder Plastik?" zeigte sich auch Pauline an der Frage interessiert. Gemeinsam arbeiteten sie daran, die Wirkung von Wärme auf verschiedene Kunststoff- und Glasstücke herauszufinden. Sie nahmen eine große Kerze als Wärmequelle, die für eine Reihe interessanter Versuche ausreichte.

Die Kinder hielten Drahtglas für haltbarer als andere Arten, die sie gesammelt hatten. Als David und Christopher fragten, ob sie die verschiedenen Glasstücke auf ihre Festigkeit hin untersuchen dürften, ermunterte sie der Lehrer, eine ensprechende Methode zu entwickeln. Sie bauten ein kleines Gerüst aus Balsaholz, in das man Gewichte fallen lassen konnte, und testeten mehrere Glasstücke. Abb. 34 zeigt, wie es aussieht. Man hätte die Wände mit Sperrholz umgeben müssen, um die Gefahr herumfliegender Splitter zu vermeiden. Alle Glasstücke, die untersucht wurden, zerbrachen schließlich. Die Ergebnisse lagen recht weit auseinander. Manche Gläser zerbrachen, wenn 1

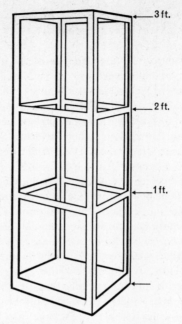

3 ft.

2 ft.

1 ft.

Abb.34: Gerüst, um die Festigkeit von Glas zu testen

ounce aus 1 foot Höhe fallengelassen wurde, andere erst, wenn 11 ounces aus 3 feet Höhe herunterfielen. Die Kinder hielten das Drahtglas deshalb für fester, weil nach einem Bruch der Draht die einzelnen Stücke noch zusammenhielt. David und Christopher konnten diese Meinung allerdings nicht bestätigen, denn bei all ihren Versuchen war der Draht auch kaputtgegangen.

Einige Kinder stellten gute Periskope her. Der Lehrer wußte nicht, wie sie dazu gekommen waren, aber es war unwahrscheinlich, daß die Ideen aus einem Lehrbuch stammten. Linsen aus einer Geschenksendung eines Glasfabrikanten wurden mit Brillenglas ergänzt, das ein Schüler mitgebracht hatte. Dann gab es noch einige Linsen aus der benachbarten Hauptschule. Die Linsen wurden in Pappröhren gesteckt und ergaben so einfache Teleskope. Die Teleskop-Konstrukteure waren mit ihrem Werk sehr zufrieden.

Als sie allerdings merkten, daß das, was sie sahen, auf dem Kopf stand, waren sie enttäuscht. Durch Zufall sah Laurence plötzlich sein Bild aufrecht, daraufhin beeilten sich die anderen, ihren Fehler zu berichtigen. Michael hatte über das Spektrum gelesen und arbeitete mit Glasblöcken und verschiedenen Lichtquellen (auch mit dem Film-Projektor der Schule), um Spektren von unterschiedlicher Helligkeit zu erzeugen.

Philip und Kevin benutzten ihre Linsen als Brenngläser. Als die beiden herumexperimentierten, erzählte Theresa die Geschichte von Archimedes und dem Brand der römischen Flotte. Sie hatte darüber in einer Kinderzeitschrift gelesen.

Die Herstellung von Teleskopen führte zu Diskussionen über Astronomie und Raumflug. Als der Lehrer den Schülern Bücher über Astronomie mitbrachte, fanden sie großes Interesse. Das brachte ihn auf die Idee, zwei Besuche in der Sternwarte zu arrangieren. Am ersten Abend war der Himmel bewölkt, daher zeigte der Astronom den Kindern Dias. In der anschließenden Diskussion stellten er und der Lehrer fest, daß die Kinder über ein gutes Wissen verfügten und sehr interessiert waren. Beim zweiten Besuch war das Teleskop in Betrieb, und die Kinder betrachteten den Mond und den Jupiter. Einige sahen drei Jupitermonde, andere entdeckten auch einen vierten. Bei beiden Gelegenheiten besichtigten mehr als zwei Drittel der Klasse die Sternwarte.

Bei der Glasherstellung hatten Stephan und Alan sehr oft das Mikroskop benutzt, um herauszufinden, wie die Chemikalien, die sie verwendeten „wirklich aussahen". Andere machten es ihnen nach.

Lynn hatte entdeckt, daß aus den Mustern einer Firma gute Glasabreibebilder angefertigt werden konnten. Bald gab es in der Klasse eine Menge farbenfroher Abreibebilder zu betrachten. Zum Glück machte Lynn ihre Entdeckung, bevor das ganze glatte Glas in Davids und Christophers Gerüst getestet worden war.

Falls sich zum Schluß irgendein Leser fragen sollte, wie Briefbeschwerer hergestellt werden, wird ihn diese Aufzeichnung von Rita aufklären:

„Ich fragte den Mann, wie sie Briefbeschwerer machen. Er sagte, daß man zuerst ein flaches Stück Glas nimmt, dann ein eigenartig geformtes farbiges Stück zu Blumen oder anderen Mustern formt, noch ein Stück Glas obendrauf legt und alles miteinander verschmilzt. Aber sie stellen sie nur in ihrer Freizeit her."

Anhang 1

Fragen, die vor der Besichtigung der Fabrik gestellt wurden:

1. Woraus wird Glas gemacht?
2. Wie bekommt man Glas rund?
3. Wie bekommt man die Schrift auf das Glas?
4. Wie bekommt man Glas an den Kanten rund?
5. Wie kann man im Glas verschiedene Muster erhalten?
6. Wie bekommt man Bilder und Farben in Glas?
7. Wie wird Glas geformt?
8. Wie werden Briefbeschwerer hergestellt?
9. Wie macht man verschiedene Glassorten?
10. Weshalb wird mehr Glas als Plastik verwendet?
11. Wie werden Verzierungen im Glas angebracht?
12. Wie schneidet man Glas?
13. Wie kann man Dinge in Glas bekommen, ohne daß man einen Schnitt sieht?
14. Welche Art Glas wird für Windschutzscheiben verwendet?
15. Gibt es Glasscharniere?
16. Was wird gemacht, um Glas zu färben?
17. Warum geht Glas kaputt?
18. Was muß man hinzufügen, damit Glas wasserfest wird?
19. Wie kommen farbige Muster in Glasmurmeln?
20. Wie macht man Glas mit farbigen Strichen?
21. Wie nennt man den Mann, der das Glas bläst?
22. Wie viele Glassorten gibt es?
23. Wie macht man Brillen?
24. Weshalb nehmen wir Glasfenster?
26. Wie stellt man ein Vergrößerungsglas her?
27. Wie oft kommt Glas in den Ofen?
28. Welche Werkzeuge braucht man zum Glasherstellen?
29. Wie macht man Christbaumschmuck?
30. Wie lange dauert es, bis flüssiges Glas hart ist?
31. Wie heiß wird das flüssige Glas?
32. Wer hatte zum ersten Mal die Idee, Glas herzustellen?
33. Werden Milchflaschen in Glasfabriken hergestellt?
34. Wie lange dauert die Glasherstellung?
35. Ist es schwer, Glas herzustellen?
36. Wurde Glas irgendwann nur mit Händen gemacht?

Anhang 2

Fragen, die von einer Gruppe (17 Kinder) während des Besuchs der Glasfabrik gestellt wurden:

1. Warum brauchen wir Glas?
2. Wozu brauchen wir Brennöfen?
3. Wie viele verschiedene Glassorten stellen Sie her?
4. Ist das ein Hafteisenstab?
5. Weshalb schleudert er die Stange, obwohl sie schon herausgezogen ist?
6. Wie heiß ist Glas im Schmelzofen?
7. Wie viele Röhren können in einer Stunde geblasen werden?
8. Ist das geschliffenes Glas?
9. Ist das Blasen schwer?
10. Warum legen Sie die Form in Wasser?
11. Ist das die Mischmaschine?
12. Wie macht man Briefbeschwerer?
13. Wozu nimmt man rotes Blei?

Die anderen Fragen, die gestellt wurden, dienten mehr der Bestätigung von bereits bekannten Dingen.

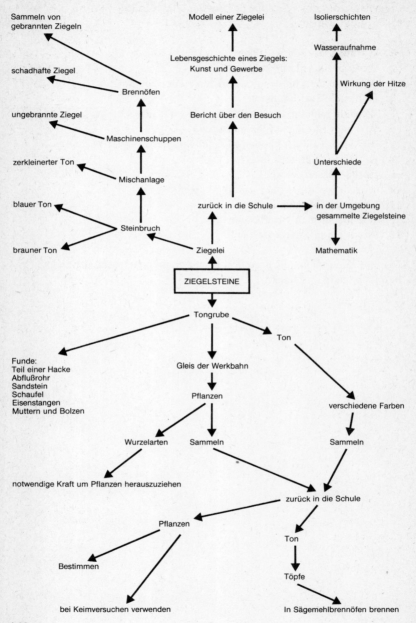

142

Glas

Abb. 36

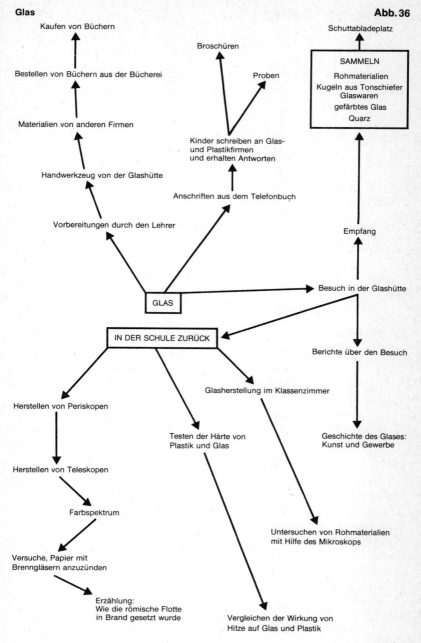

Kaufen von Büchern

Broschüren

Schuttabladeplatz

Proben

SAMMELN

Rohmaterialien

Kugeln aus Tonschiefer

Glaswaren

gefärbtes Glas

Quarz

Bestellen von Büchern aus der Bücherei

Materialien von anderen Firmen

Handwerkzeug von der Glashütte

Kinder schreiben an Glas- und Plastikfirmen und erhalten Antworten

Vorbereitungen durch den Lehrer

Anschriften aus dem Telefonbuch

Empfang

Besuch in der Glashütte

GLAS

IN DER SCHULE ZURÜCK

Berichte über den Besuch

Glasherstellung im Klassenzimmer

Herstellen von Periskopen

Testen der Härte von Plastik und Glas

Geschichte des Glases: Kunst und Gewerbe

Herstellen von Teleskopen

Farbspektrum

Untersuchen von Rohmaterialien mit Hilfe des Mikroskops

Versuche, Papier mit Brenngläsern anzuzünden

Erzählung: Wie die römische Flotte in Brand gesetzt wurde

Vergleichen der Wirkung von Hitze auf Glas und Plastik

143

Seekohle und Kerzen

Alter	9–11 Jahre, Bildungsstand unter dem Durchschnitt; häuslicher Hintergrund von vielen Schülern auffallend schwierig
Klassenstärke	17 Jungen
Gesamtschülerzahl	70
Zeit	im Herbst zweier aufeinanderfolgender Jahre
Gebäude	aus der Nachkriegszeit; zuerst als Vorschule genutzt, dann als Kunstschule und nun für Schüler mit Lernschwierigkeiten
Klassenraum	angemessen ausgestattet; einige Arbeitstische und ein Waschbecken sind vorhanden
Umgebung der Schule	große Nachkriegssiedlung am Stadtrand, um die Schule herum Felder und Spielplätze
Geographische Lage	Nordosten Englands; Großstadt, Bergbau, Schiffsbau, Schwer- und Leichtindustrie

Seekohle

Kampf der Kälte	**Seekohle**
Seekohle 4 sh pro Zentner Tel.: Wright, North Shields 724 071 Entfernungen sind kein Problem	5 sh pro Zentner Großhandel Für Versand schreiben Sie Steel, 14 Orchard Ave., North Shields

„Seekohle-Anzeigen" wie diese erscheinen regelmäßig in einigen Zeitungen Nordenglands. Für den Lehrer bildeten sie den Ausgangspunkt für dieses Thema. Bevor er die Annoncen mit der Klasse besprach, besichtigte der Lehrer zweimal einen Küstenstreifen, an dem Seekohle zu finden ist, und stellte dabei fest, daß diese Küste für seine Schüler zur Besichtigung geeignet war. Die beiden Anzeigen wurden der Klasse mit der Frage vorgelegt: „Was würdet ihr kaufen?"

Damit war erst einmal das Interesse geweckt, und der Vorschlag, den Strand zu besichtigen, führte zu weiteren Überlegungen.

Kurz vor dem Besuch hatten die Jungen zwei Fragen: „Ist das weit von hier?" und „Ist es in der Nähe von Schottland?"

Die Klasse wurde gebeten, sich eine Möglichkeit der Entfernungsmessung auszudenken. Der einzig vernünftige Vorschlag bestand darin, die Meilensteine zu zählen. Der Lehrer erwähnte, daß sich im Bedford-Kleinbus, mit dem sie fahren würden, etwas befände, was ihnen weiterhelfen könne. Für Philip reichte der Hinweis aus. Er meinte, man könne den Kilometerzähler verwenden. Bevor sie abfuhren, schrieb er sich die beiden letzten Zahlen auf dem Zähler auf, und als sie an ihrem Ziel ankamen, konnte er die Entfernung von der Schule angeben.

Der Strand war schwarz von Kohle und stand ganz im Gegensatz zu den schönen Stränden, die diese Stadtkinder kannten. Drei Bemerkungen verdeutlichen ihren ersten Eindruck:

> „Ih, das ist ja alles schwarz!"
> „Hier möchte ich nicht paddeln!"
> „Kann ich etwas mit nach Hause nehmen?"

Am Fuße einer Klippe war das Standquartier. Die Jungen durften sich am Strand frei bewegen. Bald untersuchten einige von ihnen eine dünne, schwarze Schicht in der Nähe der Klippe, die der Lehrer bei einem seiner früheren Besuche bereits entdeckt hatte. Billy fragte: „Ist das Kohle?" Der Lehrer erwiderte: „Es sieht wirklich so aus. Aber wie können wir es nachprüfen?" Die Antwort lautete: „Wir müssen sie verbrennen." Die Kinder hatten zwei Hämmer mitgebracht, und während zwei Jungen auf den harten schwarzen Stein schlugen, sammelten die anderen Treibholz. Bald lagen Stücke des schwarzen Gesteins im brennenden Holz, und es brannte tatsächlich. Es war Kohle! Der Lehrer hatte es nicht anders erwartet und wollte das Feuer nun auch nutzen. Er holte einen Wasserkessel, Kakao, Zucker und Gebäck aus seinem Rucksack. Für diese Jungen war es ein aufregendes Erlebnis, ihren Kakao selbst zuzubereiten.

Als sie um das Feuer herumsaßen und Kakao tranken, strich der Lehrer ein großes Käsesandwich und forderte alle auf, sich zuerst den Rand des Sandwichs und dann die Klippe mit der Kohle genau anzusehen. Immer wenn die Jungen einen Finger in das Brot bohrten, stießen sie auf Käse. Ebenso würden sie auf eine Schicht Kohle stoßen, wenn sie irgendo auf dem Felde oberhalb der Klippen ein Loch bohrten. Der Lehrer schlug vor, den Saum am Rand der Klippe auszumessen. Er war 4 inches breit. Die Jungen sammelten nun Proben, Stein- und Kohlestücke von gleicher Größe. Daran sollten sie feststellen, daß Kohle praktisch immer leichter ist als Stein.

Dann ging die Klasse am Strand entlang und fand auch am Ufer viele Kohlestücke. Es war Seekohle; aber es dauerte eine ganze Weile, bis jemand fragte: „Kommt die aus dem Meer?"

Der Lehrer meinte: „Das ist durchaus möglich. Aber wenn es stimmt, müssen wir herausfinden, wie sie dort hinkam. Vielleicht wissen die Männer, die am Strand Kohle sammeln die Antwort?" Als die Jungen sie fragten, zeichneten sich drei Möglichkeiten ab:

„Schiffe haben sie verloren." (Der Mann meinte natürlich vor allem Kohlenschiffe.)

„Sie sind Abfall von Kohlengruben."

„Sie wurden vom Meeresboden hochgespült."

Die Jungen hätten alle drei Erklärungen akzeptiert, aber der Lehrer hielt die letzte für die wahrscheinlichste. Wäre es nicht das beste, sich an den Direktor des nächsten Bergwerks zu wenden und ihn nach seiner Meinung zu fragen? Er forderte die Jungen auf, Ähnlichkeiten und Unterschiede zwischen der Klippenkohle und der Seekohle festzustellen. Beide Kohlearten waren schwarz, glänzend und leicht. Unterschiede waren schwer zu finden. Schließlich wurde Billy aufgefordert, seine Augen zu schließen, während er in einer Hand ein Stück abgeschlagene Kohle, in der anderen ein Stück Seekohle hielt. Sein Tastsinn sagte ihm sofort, daß die Klippenkohle rauh und die vom Strand glatt war. Sie untersuchten die gesammelte Seekohle und stellten nirgends scharfe Kanten fest. Jeder Junge hatte sein Stück Seekohle im Rucksack, und alles weitere Sammeln beschränkte sich auf Ziegelsteinstücke, Flaschenverschlüsse, Glasstücke und Kieselsteine. Bei den Felsbrocken und Kieseln wurden die schwersten, leichtesten, rauhesten, glattesten und flachsten ausgewählt.

Bevor sie aufbrachen, wurden noch zwei weitere, interessante Funde gemacht. Quer, direkt vor der Klippe, lag ein großer fossiler Baum. (Der Lehrer fotografierte ihn und schickte einen Abzug an das Geologische Institut einer Universität. In den folgenden Wochen besichtigten Mitglieder dieses Instituts den Strand.) Der Baum war erstaunlich gut erhalten, und die Jungen hatten Spaß daran, die Borke anzufassen.

Oben auf den Klippen fanden die Schüler eine Felserhöhung, die ihre Entstehung der Tatsache verdankte, daß das weichere Gestein ringsherum abgetragen worden war.

In der Klasse packten die Jungen eifrig ihre Funde aus. Die meisten ordneten die Gesteinsstücke, vom größten Stück bis hin zum rundesten Kiesel. Manche Schüler brachten das nicht allein zustande. Einige ausgewaschene Steine wurden später ausgestellt, um die Entstehung von Sand zu verdeutlichen.

Eine andere Klassenaktivität schloß sich an, und zwar das Verfassen eines Briefes an den Bergwerksdirektor. Er antwortete, die Seekohle würde vom Meeresboden hochgespült. Eine Gruppe verdeutlichte das an einem Plastikmodell.

Die Steine wurden auf Gruppen verteilt und mit dem Hammer bearbeitet. Sandsteine zerfielen zu Sand. Feuersteine wurden zerschlagen, um scharfe Kanten zu erhalten. Eine Gruppe verwendete den Sand zur Herstellung von Sandpapier. Einige Jungen bemerkten, daß durch genügend Druck Sand wieder zu Sandstein wird. Die scharfkantigen Feuersteine wurden zum Holzschnitzen und Bleistiftanspitzen verwendet.

Alles, was am Strand gesammelt worden war, versahen die Schüler mit Etiketten und stellten es im Klassenzimmer aus. Besonders bemerkenswert waren drei Fossilien und die Kohlestücke, die aus der Klippe herausgeschlagen worden waren. Die Ausstellung wurde durch Fotos, die der Lehrer während des Ausflugs gemacht hatte, vervollständigt. Eine Klassenaktivität, an der sich alle gern beteiligten, bildete den Abschluß der Untersuchung.

Eine Menge Seekohle war übriggeblieben. Was sollten sie damit machen? Anstatt Kakao zu kochen, wollte die Klasse irgend etwas backen. Am nächsten Tag brachte der Lehrer eine Taube mit, die er auf dem Markt gekauft hatte. Bald brannte draußen auf dem Spielplatz die Seekohle, und der in Aluminiumfolie und Lehm eingehüllte Vogel wurde darin geröstet.

Dieses Ereignis hat Robert, der für die Schulzeitung schrieb, so kommentiert: „Mr. Pearson brachte eine tote Taube vom Markt mit. Wir machten mit Stökken, Papier und Seekohle draußen vor dem Klassenfenster ein Feuer. Wir wickelten die Taube in Lehm und Folie, damit sie nicht verbrennen konnte und rösteten sie im Feuer. Sie zu braten, dauerte über eine Stunde und dann aßen wir sie auf. Jeder ein Stück. Sie schmeckte gut."

Kerzen

Während der folgenden Zeit arbeitete der Lehrer auf die gleiche Weise weiter. Die Zusammensetzung der Klasse änderte sich natürlich, und nach 9 Monaten war nur noch die Hälfte der „Seekohlen-Klasse" übrig. Die neu zusammengesetzte Klasse wollte Kerzen untersuchen.

Es begann damit, daß Colin während des Kunstunterrichts eine Plastilinkerze anfertigte. Er war enttäuscht, daß sie nicht brannte. Dann verglich er sie mit einer richtigen und bemerkte, daß seiner Kerze der Docht fehlte. „Ich brauche einen Strohhalm", meinte er daraufhin. Er modellierte die Kerze dann noch einmal um den Strohhalm, und als er ihn angezündet hatte, beobachtete er, wie der Halm abbrannte.

Der Lehrer bat Colin, seine Kerze noch einmal zu formen und stellte diese neben eine richtige. Die Klasse stand darum herum, und Colin zündete beide an. Seine Kerze ging bald aus, die andere dagegen brannte weiter. „Warum ist Colins Kerze ausgegangen?" fragte der Lehrer. Die Antwort kam sofort. „Es ist keine richtige Kerze." „Sie hat keinen richtigen Docht."

Die Jungen glaubten, sie könnten Dochte aus Zwirn machen. Colin formte eine andere kleine Plastilinkerze mit einem Zwirndocht, und John nahm etwas von dem weichen Wachs der brennenden Kerze und formte daraus ebenfalls eine kleine Kerze mit einem Zwirndocht. Die Plastilinkerze verhielt sich wie die andere Plastilinkerze. Johns Kerze aber brannte gut. Er sagte: „Die Wachskerze brennt, aber die aus Plastilin nicht."
Die Jungen wurden gefragt, was geschähe, wenn Wachs heiß wird. Ihnen schien klar zu sein, daß es dann schmilzt. Immer wieder tauchten sie benutzte Streichhölzer in das flüssige Wachs, das den Docht umgab, und stellten dabei fest, daß Colins Kerze, weil sie nicht schmelzen konnte, auch keine Flüssigkeit um den Docht hatte. Die Kinder wurden gefragt, ob sie noch andere Substanzen kennen, die schmelzen. Sie nannten Butter, Schmalz und Eis.
Eine Gruppe Jungen zeigte, daß man Wasser in einem kleinen Gefäß über einer Kerze kochen konnte. Aber die Erklärung des Lehrers, daß wir Fette essen, damit sie verbrennen und uns wärmen, war für die Jungen schwer zu verstehen. Es schien unglaubwürdig, daß die Eskimos eine Talgkerze aus eben diesem Grund essen. War es möglich, ihnen die Beziehung zwischen Verbrennung und Stoffwechsel klarzumachen, obwohl sie nicht einmal einen dieser Sachverhalte verstanden hatten? Der Lehrer fragte sie, welche Fette wir essen, um uns warm zu halten. „Butter, Schmalz und Margarine", antworteten sie. Die Klasse wurde dann mit der Frage entlassen: „Kann man daraus Kerzen machen?"
Am nächsten Morgen kam George mit einer Butterkerze in die Schule und bewies allen, daß sie funktionierte. Andere brachten Kerzenstücke von unterschiedlicher Größe und ein Windlicht mit. „Brennt eine kurze, dicke Kerze länger als eine dünne, lange?" war die am häufigsten gestellte Frage. Es gab dazu geteilte Meinungen. Die Jungen zündeten Kerzen an, beobachteten genau und schrieben die Ergebnisse auf. Bald konnten sie feststellen, daß eine dünne Kerze schneller abbrennt als eine dicke, und, daß Kerzen von ähnlichem Umfang auch mit etwa gleicher Geschwindigkeit abbrennen.
Um das Interesse für die Zeitmessung zu fördern, wurde das Vorhaben erweitert und eine Kerzenuhr gebaut. Es half manchen Kindern, den Terminus „halb" zu verstehen, als sie die brennende Kerze genau zwischen 2 und 3 Uhr sahen. Vorher war es schwer für sie einzusehen, daß die 6 auf einer Uhr die Hälfte der Stunde anzeigte.
Als die Kerze abgebrannt war, wollte Billy eine neue machen. Aus dem übriggebliebenen Wachs formte er eine neue, kleine Kerze. Was vorher eine

große Kerze gewesen war, war nun auf einige Wachstropfen zusammengeschmolzen. Was war mit der Kerze geschehen? Der Lehrer holte eine Blechbüchse, in der die Jungen vorher Wasser gekocht hatten. Sie wurde über die Flamme gehalten und anschließend untersucht. Die Schüler entdeckten Ruß. Eine Kerze gibt neben Licht und Wärme auch noch Ruß! Die Jungen zündeten immer mehr Kerzen an, um noch mehr Ruß zu erzeugen. Weiße Teller eigneten sich besonders gut, um richtige Rußfilme herzustellen. Auf den Rußflächen wurde dann mit Stöcken gemalt.

Um den Schülern die Beziehung zwischen Licht und Wärme aufzuzeigen, erhitzte der Lehrer einen großen Nagel im Ofen des Klassenzimmers so lange, bis er glühte. Als der Lehrer ihn mit einer Zange in einen dunklen Raum trug, erzeugte er so viel Licht, daß man dabei lesen konnte.

Die Klasse erweiterte diese Arbeit mit der Untersuchung von Glühfäden in elektrischen Birnen.

Der Lehrer fragte die Schüler, ob sie wüßten, wie Götterspeise gemacht werde. Die Kinder antworteten ihm, daß die Speise die Form der Schale annehme, in die man sie gießt. Darauf fragte er sie: „Können wir eine Kerze in einer Gußform herstellen?" „Woraus können wir solch eine Form anfertigen?" Bald arbeitete eine Gruppe mit dem vertrauten Material Ton, Plastilin und Pappmaché. Ton und Plastilin wurden genommen, um dekorative Formen herzustellen.

Der Lehrer benutzte Bienenwachs, um die alte Methode des Kerzenziehens zu demonstrieren. Das Wachs wurde in einem Gefäß mit heißem Wasser geschmolzen. Er band einen Docht an einen Bleistift, aber das Ende der Schnur wollte nicht in die Flüssigkeit fallen. „Was können wir machen, damit es eintaucht?" fragte der Lehrer. „Knoten Sie eine Perle ans Ende", antwortete Joe. Irgend jemand hatte eine kleine Nuß, die als Gewicht dienen sollte. Jetzt tauchte die Schnur in die Flüssigkeit ein. Als sie wieder herausgezogen wurde, waren die Jungen ganz aufgeregt über das, was zum Vorschein kam und sofort als „dürre Kerze" bezeichnet wurde. John tauchte sie wieder ein, und jetzt wurde sie schon dicker. Nach ihrem 21. Eintauchen bezeichneten die Jungen sie als „gute Kerze".

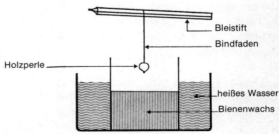

Abb. 37: Kerzenziehen

Etwas Wachs war auf das Wasser gespritzt, und Billy bemerkte, daß es schwamm. Der Lehrer bot den Kindern andere Fette und Öle an, damit sie diese testen konnten.

Als eine der Bienenwachskerzen angezündet worden war, bezeichnete Joe ihr Licht als „schwach". Der Lehrer fragte die Kinder, wo sie überprüfen könnten, ob die Kerze in der Dunkelheit ein starkes Licht gebe. Die verschiedensten Vorschläge wurden gemacht, und es schien, als ob die Schulbühne in der Aula der geeignetste Platz dafür sei. Auf der dunklen Bühne gab eine Kerze nur schwaches Licht. Man konnte ein Buch lesen, wenn es dicht an die Kerze gehalten wurde, doch waren die Ecken der Bühne sehr dunkel. Ein Junge hielt eine Kerze und tat dabei so, als wolle er in ein Etagenbett klettern. Die anderen waren von dem schwachen, aber dennoch deutlichen Schatten, der an die Bühnenwand geworfen wurde, beeindruckt. „Sieht das nicht gespenstisch aus?" fragte der Lehrer. „Spielen nicht Kerzen in manchen Geistergeschichten eine Rolle?"

Aber die Jungen waren ja hier, um die Lichtstärke der Kerzen zu testen, und deshalb wurde eine zweite Kerze angezündet. Das Licht war jetzt schon stärker. Eine dritte und eine vierte wurden angesteckt, und jede erhöhte die Lichtintensität. Die Klasse verglich – wenn auch mit einfachen Mitteln – tatsächlich die Lichtstärke.

Als sie wieder in der Klasse waren, stimmten alle zu, daß das Licht einer Kerze ein „schwaches Licht" sei. „Welche anderen Nachteile haben Kerzen?" fragte der Lehrer.

Die Jungen nannten:

1. Geruch
2. Feuergefahr
3. Rauch und Ruß
4. tropfendes Wachs
5. Sie ist windempfindlich (leicht auszublasen, flackert).
6. Es dauert einige Zeit, bis sie brennt.

Dieser letzte Punkt machte den Schülern viel Spaß. Mit der Stoppuhr wurde die Zeit gemessen, die jede Kerze brauchte, um richtig zu brennen, und dann wurde das mit der Zeit verglichen, die nötig war, um elektrisches Licht einzuschalten. Manchmal brauchte die Kerze 15 Sekunden länger, und es wurde allgemein bestätigt, daß die modernen Lichtquellen das Leben einfacher machen.

Trotzdem waren die Schatten an der Bühnenwand nicht vergessen worden. Der Nebenraum zum Klassenzimmer – eine kleine, dunkle Kammer – eignete sich ideal zum Schattenwerfen. Einige gute Silhouetten von verschiedenen Gegenständen und Köpfen wurden auf weißes Zeichenpapier projiziert.

Das Malen von Schatten war außerordentlich beliebt, und mit Hilfe von Kerzenlicht und einer Leinwand entstand sogar ein einfaches Schattenspiel.

Zu dieser Zeit war gerade Halloween (Fest Ende Oktober, ähnlich unserem Fasching, die Herausgeber), und alle waren damit beschäftigt, Rüben auszuhöhlen, um daraus Laternen zu machen, in die Kerzen gestellt werden konnten.

_____ Flamme
_____ Eierschale

_____ Bindfaden
_____ Olivenöl

Abb. 38: einfache Öllampe

Ungefähr zwei Wochen nach der Arbeit mit Kerzen fand ein Junge in einem Buch die Zeichnung einer altertümlichen Öllampe und wollte wissen, wie sie funktionierte. Nach einer angeregten Diskussion beschloß man, solch eine Lampe zu bauen. Sie bestand aus einem ausgeblasenen Ei, Olivenöl und einem Fadendocht. Sie verbreitete gutes Licht und einen furchtbaren Gestank.

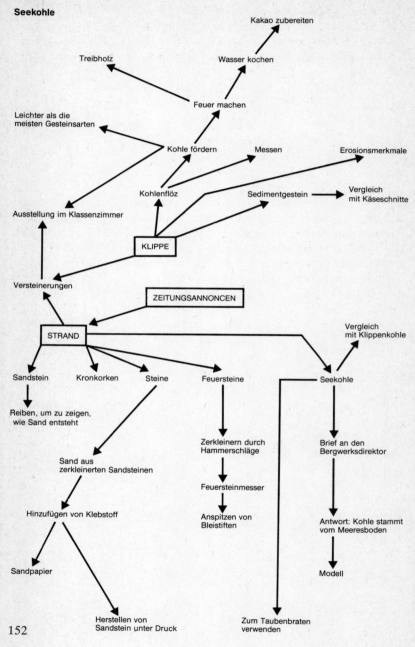

Abb. 39
Seekohle

Kakao zubereiten

Treibholz

Wasser kochen

Feuer machen

Leichter als die
meisten Gesteinsarten

Kohle fördern

Messen

Erosionsmerkmale

Kohlenflöz

Sedimentgestein

Vergleich
mit Käseschnitte

Ausstellung im Klassenzimmer

KLIPPE

Versteinerungen

ZEITUNGSANNONCEN

STRAND

Vergleich
mit Klippenkohle

Sandstein

Kronkorken

Steine

Feuersteine

Seekohle

Reiben, um zu zeigen,
wie Sand entsteht

Zerkleinern durch
Hammerschläge

Brief an den
Bergwerksdirektor

Sand aus
zerkleinerten Sandsteinen

Feuersteinmesser

Hinzufügen von Klebstoff

Anspitzen von
Bleistiften

Antwort: Kohle stammt
vom Meeresboden

Sandpapier

Modell

152

Herstellen von
Sandstein unter Druck

Zum Taubenbraten
verwenden

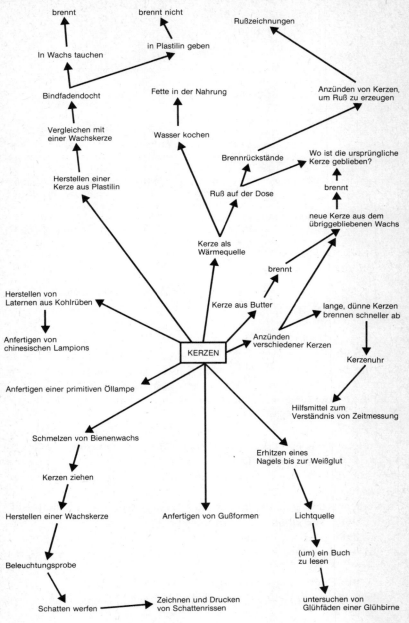

brennt

brennt nicht

Rußzeichnungen

In Wachs tauchen

in Plastilin geben

Bindfadendocht

Fette in der Nahrung

Anzünden von Kerzen, um Ruß zu erzeugen

Vergleichen mit einer Wachskerze

Wasser kochen

Brennrückstände

Wo ist die ursprüngliche Kerze geblieben?

Herstellen einer Kerze aus Plastilin

Ruß auf der Dose

brennt

neue Kerze aus dem übriggebliebenen Wachs

Kerze als Wärmequelle

brennt

Herstellen von Laternen aus Kohlrüben

Kerze aus Butter

lange, dünne Kerzen brennen schneller ab

Anfertigen von chinesischen Lampions

KERZEN

Anzünden verschiedener Kerzen

Kerzenuhr

Anfertigen einer primitiven Öllampe

Hilfsmittel zum Verständnis von Zeitmessung

Schmelzen von Bienenwachs

Erhitzen eines Nagels bis zur Weißglut

Kerzen ziehen

Herstellen einer Wachskerze

Anfertigen von Gußformen

Lichtquelle

Beleuchtungsprobe

(um) ein Buch zu lesen

Schatten werfen

Zeichnen und Drucken von Schattenrissen

untersuchen von Glühfäden einer Glühbirne

Eine Wetterregel, Vögel und eine Textilfabrik

Alter	9–11 Jahre, in Fähigkeiten und Leistungen heterogen zusammengesetzt
Klassenstärke	34 Jungen und Mädchen
Gesamtschülerzahl	84
Zeit	Herbst, Frühling und Sommer
Gebäude	ansprechend; 1932 als Schule für alle Klassenstufen gebaut, jetzt ohne Oberstufe, daher leere Klassenzimmer
Klassenzimmer	hell und luftig; ein ehemaliger Werkraum mit großzügigem Grundriß, Lagerraum und Geräten
Umgebung der Schule	auf dem Grundstück befinden sich Spielplatz und gepflasterter Hof; in der Nähe fließt der Fluß Rede; auf den umliegenden Weiden grasen Schafe und Rinder
Geographische Lage	Nordostengland; die Schule liegt eine Meile hinter einem kleinen Hochlanddorf; die Landschaft ist bestimmt durch Hügel, Moorland und Wälder

Hagebutten

Dieses Beispiel wurde ausgewählt, weil sich das Thema als interessanter Einstieg für Wetterbeobachtungen erwies. Außerdem macht es deutlich, wie die ursprüngliche, in diesem Fall vom Lehrer gestellte Frage zu einem frühen Zeitpunkt aufgegeben wird, wenn andere interessantere Probleme in den Vordergrund treten.

Man schlug dem Lehrer vor, mit der Klasse Moore und eine Schafsfarm zu besichtigen, wo noch Torf als Brennmaterial im Haushalt verwendet würde und wo es auch noch andere Dinge zu entdecken gäbe. Der Lehrer entschloß sich aber, die Arbeit vorerst auf die unmittelbare Umgebung der Schule zu beschränken.

Wetterbeobachtung hielt er für ein gutes Thema. Als Einstieg wählte er die Frage, ob die alte schottische Wetterregel richtig sei:

Ein Weißdornjahr – ein Schneejahr.

Die Klasse war sofort interessiert und meinte, daß diese Regel von zweifelhaftem Wert sei.

War diese Regel schon jemals überprüft worden? Die Diskussion machte deutlich, daß es sehr viel Zeit kosten und mit Schwierigkeiten verbunden sein würde, die Weißdornfrüchte in einem großen Gebiet zu zählen. Bald wandte sich das Gespräch Hagebutten zu, und obwohl Weißdornfrüchte und Hagebutten nicht dasselbe sind, schien es möglich, daß irgendeine Beziehung zwischen der Hagebuttenernte im Herbst und dem Schnee des folgenden Winters bestand.

Hagebutten hatten für die Kinder einige Bedeutung. Gerade zu der Zeit hing im Flur eine Tabelle, auf der gezeigt wurde, wie viele Hagebutten gesammelt worden waren. Hatte nicht der zehnjährige Bruce in diesem Herbst schon 32 Pfund gesammelt – für 5 Pennies das Pfund?

Die Kinder wußten, daß die Hagebutten, die sie gefunden hatten, jeden Montagmorgen zu Hagebuttensirup verarbeitet wurden. Sie kannten ihn seit ihrer frühesten Kindheit und bekamen ihn immer noch regelmäßig zum Milchpudding während der Schulmahlzeit.

Der Lehrer hatte einige Bücher durchgesehen, um sich auf mögliche Entwicklungen des Themas vorzubereiten, fand aber nur einen einzigen nützlichen Hinweis auf Hagebutten, nämlich die Herstellung von Hagebuttensirup während des Krieges. Die Klasse erfuhr mit Erstaunen, daß etwas für sie Alltägliches eine so wichtige Bedeutung gehabt hatte. Der Lehrer erwähnte den Vitamin-C-Gehalt, ohne weiter darauf einzugehen, hoffte aber, daß daraus Fragen entstehen würden.

Die unmittelbare Reaktion war die Erkenntnis, daß sie offenbar noch vieles über diese allgemein bekannte Frucht nicht wußten. Es wurden dann folgende Fragen gestellt:

– Warum befinden sich die besten Hagebutten an der Spitze des Strauches?
– Wie wachsen Hagebutten?
– Welcher Teil enthält Vitamin C?
– Wird der Sirup mit Maschinen hergestellt?
– Warum sind Blätter und Dornen an den Sträuchern?
– Wachsen Hagebutten auch in anderen Ländern?
– Wie verbreiten sich die Samen?
– Wie werden die grünen Früchte rot?
– Warum werden sie schimmelig, wenn sie naß gepflückt werden?
– Kann man Hagebutten essen?
– Wo wird der Sirup hergestellt?
– Wer hat den Sirup erfunden?
– Warum sind die Kerne weiß?
– Woher wissen die Vögel, daß drinnen Kerne sind?
– Gibt es Vogelnester in den Rosenbüschen?
– Warum fressen Vögel Hagebutten?
– Wann sind sie am reifsten?
– Warum sind sie innen klebrig?

- Wie viele Kerne sind in einer Hagebutte?
- Ändern die Blätter ihre Farbe? Wann?
- Sind Hagebutten noch zu etwas anderem zu verwenden als zur Siruherstellung?

Der Lehrer war über die Fülle von Fragen überrascht und schrieb: „Ich registriere diesen Ansturm und versuche nicht, ihm gewachsen zu sein, aber ich bin zuversichtlich. Einige Fragen werden wir erst später zu beantworten versuchen."

Am nächsten Tag brachten einige Kinder Hagebutten mit, aber die meisten zogen die Pennies, für die sie diese verkaufen konnten, naturwissenschaftlichen Untersuchungen vor. Nur Lucille stellte einige Hagebutten zur Verfügung. Immer zwei Schüler zählten die Kerne, von denen durchschnittlich jede Frucht 39 enthielt. Zwei Jungen hielten das Ergebnis fest; das Blatt mit den Aufzeichnungen wurde ausgestellt.

Eine andere Frage wurde durch Zufall beantwortet. Als Kind hatte Kathleens Mutter die Hagebuttenkerne als Juckpulver benutzt. Paul untersuchte das, indem er es nach der Schule bei sich selbst ausprobierte. Er berichtete, daß er es lieber nicht hätte tun sollen.

Der nächste Schritt der Untersuchung wurde durch die Frage der Mädchen bestimmt, ob sie Hagebuttengelee (nicht Sirup) herstellen könnten. Der Lehrer war sofort einverstanden, vorausgesetzt, daß genug Hagebutten vorhanden seien. Die Frage wurde an einem Freitag gestellt, und am Montagmorgen gab es Hagebutten in Hülle und Fülle.

Zwei Mädchen putzten die Hagebutten und füllten sie in einen Topf. Der Schulkoch riet ihnen, bis zum nächsten Morgen zu warten, damit man einen ganzen Tag zum Kochen hätte. Der „Kochtag" begann mit größter Aufregung. Bevor es jedoch mit dem Kochen losging, rief der Lehrer alle zusammen, um an die Wetterregel zu erinnern. Die Kinder meinten, daß man für eine quantitative Untersuchung „unserer Version der Regel" Listen über die gesammelten Hagebutten von anderen Schulen für die Jahre 1961, 1962 und 1963 benötige. Eine Gruppe stellte außerdem einen Fragebogen zusammen und schickte ihn an eine Fabrik, in der Hagebutten verarbeitet wurden (s. Anhang 2).

Am Anfang der Aktivitäten stand ein allgemeines Interesse, das sich dann immer stärker auf die Kochgruppe konzentrierte.

Kurz nachdem mit dem Kochen begonnen worden war, fragte plötzlich ein Junge: „Wie viele Hagebutten sind in den Topf hineingetan worden?" Und ein anderer wollte noch wissen: „Wie können wir das jetzt noch abschätzen?" Bruce fand schnell eine Lösung: „Wir füllen noch einmal den Topf bis zu der Höhe, wie sie jetzt ist, und zählen die Beeren, die wir gebraucht haben." Am nächsten Tag – inzwischen war der Gefäßinhalt durchgeseiht worden – gab die Gruppe ein Pfund Zucker auf einen halben Liter Saft. Aber trotz weiteren Kochens wollte er nicht gelieren. Der Schulkoch schlug vor, etwas Geliermittel hineinzutun, aber die Kinder waren nun vom Sirup begeistert, den sie dem Gelee vorzogen. Der Sirup wurde von allen gekostet, und jeder fand, daß er süß schmeckte, „wie Sirup" und wirklich wie „Hagebutten".

Sie baten den Schulkoch, ihren Sirup für den nächsten Milchpudding zu verwenden, und am folgenden Tag stand Milchpudding auf dem Speisezettel. Es gab genug Sirup für alle, und man stimmte allgemein darin überein, daß „unser Sirup süßer, konzentrierter und besser als gekaufter Sirup" sei.

Inzwischen war auch der Fragebogen vom Fabrikanten zurückgekommen. Obwohl einige nützliche Informationen in dem beiliegenden Brief enthalten waren, teilte die Firma nicht mit, welche Mengen von Hagebutten sie verarbeitet hatte oder wieviel Sirup hergestellt worden war. Trotzdem gab der Fragebogen den Anstoß zu einer neuen Entwicklung, denn Lucille war über das Verhalten des Fabrikanten entrüstet und meinte, man könne beweisen, daß eine Antwort falsch sei. Das betraf die Frage Nr. 5: „Welche anderen Produkte außer Sirup können aus Hagebutten hergestellt werden?" Die Antwort hieß kurz und knapp: „Keine". Lucille hielt die Antwort für falsch, da man ja auch Hagenbutteneis herstellen könnte. Eine andere Gruppe kochte nun ebenfalls Sirup und bekam heraus, daß auf 21 Pfund 682 Hagebutten entfallen. Aus dieser Menge wurde $3/4$ l Saft gewonnen, dem sie $1\,1/2$ Pfund Zucker hinzufügten. Die Kinder verwendeten den Sirup, um Eislutscher, Bonbons und Gelee mit Hagebuttengeschmack herzustellen. Sie erklärten alles für außerordentlich gut gelungen. Inzwischen weckte die Arbeit überall in der Schule und sogar in der Umgebung Interesse. Die Lehrerin der ersten Klasse wurde dazu angeregt, eine Schale voll Hagebuttenbonbons herzustellen, und Eltern suchten nach lange vergessenen Hagebuttenrezepten. Die Kinder wählten verschiedene Aufzeichnungsformen, um ihre vielfältigen Aktivitäten festzuhalten; sie waren mit Begeisterung bei der Sache. Von anderen Schulen trafen täglich Berichte über die Menge der gesammelten Hagebutten ein (Anhang 1). Die Kinder meinten, daß die Zahlen am besten auf einer Landkarte von Northumberland vermerkt werden sollten. Jedes Kind schrieb einen eigenen Hagebuttenbericht.

Auch auf einem anderen Gebiet bestand Grund zur Zufriedenheit. Die Lehrerin der ersten Klasse hatte angeboten, eine Probe des Schulsirups analysieren zu lassen. Das Ergebnis der Analyse (s. Anhang 2) besagte, daß der Vitamin-C-Gehalt mit dem des handelsüblichen Sirups vergleichbar war. Was die Kinder aber noch mehr beeindruckte, war die Ausdauer einer Schule in Cumberland, die buchstäblich Tonnen von Hagebutten in jedem Jahr sammelte.

Zu weiteren Untersuchungen über Hagebutten wurden die Kinder zu diesem Zeitpunkt nicht ermuntert, denn als der Lehrer noch einmal eine frühere Frage über Vögel, die Hagebutten fressen, aufgriff, löste das eine Flut von Fragen über Vögel aus. Viele Fragen konnten nicht durch eigene Untersuchungen der Kinder geklärt werden, z. B.: ,,Warum haben Vögel keine großen Ohren?" Der Lehrer wählte daher eine Frage aus, die seiner Meinung nach zu eigenen Beobachtungen und Experimenten führen würde: ,,Warum fressen manche Vögel Beeren und andere Brot?"
Nach einer Diskussion richteten die Kinder einen Futtertisch für Vögel ein. Er wurde auf einem Fensterbrett befestigt. Die Kinder brachten Futter von zu Hause mit. Da nicht alle Kinder den Futterplatz beobachten konnten, wurden fünf Gruppen gebildet. Jede Gruppe nahm ein großes Zeichenbrett als ,,Vogeltisch" und stellte ihn auf dem Schulgelände so auf, daß er gut zu beobachten war. Am letzten Novembertag war starker Frost. Sofort fraßen die Vögel, und an den Futterbrettern herrschte reges Treiben. Das führte dazu, daß

— einige Kinder Vögel zeichneten und einen großen Bilderfries eines Futtertisches herstellten,
— die Mehrzahl der Kinder Aufzeichnungen machte,
— viele Kinder Vogeltische mit aufgenagelten Blechdosen für verschiedene Futtersorten entwarfen.

Die Aufregung erreichte ihren Höhepunkt, als zehn Stare zu einem Futterbrett kamen und es schnell, völlig leer fraßen. In dieser Zeit wurden die Vogeltische dazu benutzt herauszufinden, welche Art von Futter – hartes, weiches, Futter einer bestimmten Farbe etc. – die Vögel bevorzugten. Weitere Ideen, als Frage formuliert, waren z. B. folgende:

Paul: Was passiert, wenn wir Brot in eine Hagebutte tun?

Bruce: Woher wissen Meisen, daß in einer Erdnuß etwas zum Fressen ist? Können wir nicht die Nüsse in eine Papierhülle oder in Aluminiumfolie einpacken?

Anne: Was passiert, wenn wir eine Hagebutte färben? Wird sie dann auch gefressen?

Lucille: Wenn das Futter, beispielsweise eine Hagebutte, von einer dicken Eisschicht umgeben ist, kriegen die Vögel es trotzdem heraus?

Andere: Wir legen Hagebuttenkerne in eine Erdnußschale. Was passiert?

Wieder andere: Wir lassen Erdnüsse in ein Wasserglas fallen. Holen die Vögel sie heraus?

Die Kinder gingen bis zu einem gewissen Grade diesen Fragen nach. Das Erdnußexperiment aber endete vorzeitig, weil der Nußvorrat erschöpft war. Das war nicht weiter schlimm, weil Bruce eine große Tasche voll Hagebutten mitbrachte, die seine Mutter in ihrer Speisekammer aufbewahrt hatte. Alle Vogeltischgruppen wandten sich auf einmal wieder der Arbeit mit den Hagebutten zu, mußten aber feststellen, daß die Vögel an präparierten Hagebutten kein Interesse hatten.

Obwohl während der zehnwöchigen Arbeitsperiode einige Ergebnisse darauf hinwiesen, daß „ein Hagebuttenjahr – ein Schneejahr" war, endeten die Untersuchungen, ohne daß ein endgültiges Ergebnis erreicht wurde. Sicher hätte der Lehrer seine Klasse zu einer korrekten Beurteilung der Wetterregel führen können. Klugerweise ermunterte er sie aber nach einem Anfang, der nicht von ihnen gewählt worden war, ihren eigenen Interessen bei den Untersuchungen zu folgen.

Die Kinder fanden ihre Rolle als Entdecker aufregend und waren immer bereit, über ihre Ideen und ihre Arbeit zu sprechen. Sie freuten sich auch darüber, daß die Eltern mit einbezogen wurden und daß sich andere Schulen beteiligten. Es gab keine unüberwindlichen Hindernisse, und es spielte auch kaum eine Rolle, daß der Vorrat an Nüssen schnell erschöpft war. Begeisterung, die an einem Punkt verlorenging, wurde schnell durch ein anderes, genauso faszinierendes Thema wiedergeweckt.

Anhang 1

Der Fragebogen der Kinder für den Fabrikanten:
1. Welche Mengen an Hagebutten wurden in den Jahren 1961, 1962 und 1963 verarbeitet?
2. Welche Mengen wurden von den Schulen gesammelt?
3. Welches sind die besten Hagebuttengegenden in Großbritannien?
4. In welcher Zeit werden hier Hagebutten geerntet?
5. Welche anderen Produkte außer Sirup können aus Hagebutten hergestellt werden?
6. Wie hoch war die Produktion von Sirup in den Jahren 1961, 1962 und 1963?

Anhang 2

Bericht über die Analyse des von den Kindern hergestellten Hagebuttensirups (von einem Chemiker):

Liebe Frau Mills!
Ich habe die Probe Hagebuttensirup, die sie mir schickten, am Montag, dem
26.10.64, auf den Gehalt an Vitamin C hin untersucht.
Ich stelle fest, daß Vitamin C in einer Menge von 65 mg vorhanden ist. Das
kommt den Produkten wie ... ziemlich gleich, die mit nicht weniger als 65 mg
deklariert sind, meist aber über 70 mg enthalten.
Falls die vorliegende Probe etikettiert werden soll, schlage ich eine Aufschrift
von 55 mg vor, um so einen Spielraum für Verlust bei Lagerung zu lassen ...
Mit freundlichen Grüßen
Ihr E. Fogden

Vögel

Im Frühling entfalteten die Kinder an den Vogeltischen große Aktivität. Sie
machten Beobachtungen, führten Zählungen durch und studierten das Freß-
verhalten. Die Ergebnisse von zwei Vogeltischen wurden in Berichtsheften
festgehalten. Eine andere Gruppe klebte ihre Aufzeichnungen auf braunes
Packpapier, während die restlichen beiden Gruppen große Vögel aus Papier
ausschnitten und ihre Aufzeichnungen auf diese Umrisse klebten. Lucille
hatte diese ansprechende Form der Darstellung vorgeschlagen.
Eine Gruppe stellte Modelle der Vögel her, die ihren Tisch besucht hatten.
Dazu verwendete sie Pappmaché, Leim, Draht und Farbe. Es entstanden einige lebensechte Exemplare. Das Formen der Beine und Füße bereitete
große Schwierigkeiten, weil man nichts besseres als Draht gefunden hatte.
Das lenkte die Aufmerksamkeit auf die Verschiedenartigkeit der Vogelfüße,
und es wurde die Frage aufgeworfen: ,,Können wir Abdrücke von Vogelfü-
ßen herstellen?" Die Kinder entwarfen ,,Abdruckschalen", um die Fußabdrücke der Vögel festzuhalten. Um das Futter in der Mitte des Brettes zu erreichen, mußten die Vögel zuvor über ein weiches Material laufen und dort
ihre Fußabdrücke hinterlassen. Als Abdruckmaterial wurde zuerst Plastilin
benutzt, dann Ton. Beide Materialien erwiesen sich jedoch als nicht besonders geeignet.
Zur gleichen Zeit beschäftigte sich das Kinderprogramm des BBC Fernsehens ,,Blue Peter" zufällig mit dem Problem, wie mit Hilfe von Gips Fußabdrücke von Vögeln hergestellt werden können. Daraufhin fragten die Kinder: ,,Können wir nicht Gips in die ,Abdruckschale' tun?" Das taten sie, und
Bruce bekam den Auftrag, zu einem Vogeltisch zu rennen, die Form dort hinzustellen und dann so schnell wie möglich zu verschwinden. Die Klasse paßte

von den Fenstern des Klassenzimmers aus auf, und es herrschte große Aufregung, als das erste Rotkehlchen auf dem Rand des Tisches landete, über den Gips hüpfte und sich Futter holte. Die Erwartungen, die die Kinder in diesen Augenblick setzten, wurden durch gute Abdrücke der Rotkehlchenfüße erfüllt. Obwohl Gips eine kurze Trockenzeit besitzt, lieferte er die besten Abdrücke.

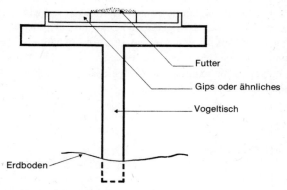

Abb. 41: Vogeltisch mit Abdruckschale

Gips bot noch weitere interessante Möglichkeiten. Er wurde dazu verwendet, verschiedene Dinge zu gießen. Die Kinder stellten Abdrücke von Fahrradketten, Schraubenschlüsseln, Münzen und einer Anzahl anderer Dinge aus Plastilin her und gossen Gips in die jeweilige Form. Sie hatten Schwierigkeiten, die gegossenen Stücke aus der Form zu lösen. Nach der Mittagspause kamen zwei Jungen mit einigen Blechschalen, die sie auf der Müllkippe gefunden hatten, zur Schule zurück. Der Lehrer bestand darauf, daß die Formen vor ihrer Benutzung in einer desinfizierenden Lösung gereinigt werden mußten.

Weitere Schwierigkeiten beim Herauslösen der gegossenen Stücke machten es notwendig, die Formen vorher einzufetten. Der Hausmeister gab ihnen Vaseline, damit ging es besser. Als dieser Tip einige Tage später im „Blue Peter"-Programm gegeben wurde, sah das die Klasse voller Entrüstung.

Bevor der Gips vollständig verbraucht war, machte Paul den Vorschlag, einen Vogelabdruck herzustellen. Zu diesem Zweck sollte – auf Jeans Anregung – eine vorbereitete Vogelform aus Pappe in Plastilin gepreßt werden. Das funktionierte. Die Gruppe stellte den Gipsabdruck eines Rotkehlchens und einen zweiten mit einer Blaumeise in der Mitte her. Die Abdrücke wurden bunt bemalt. Die Kinder waren sehr stolz auf ihre Arbeit.

Heather brachte eine Annonce für Vogelfutter mit zur Schule, in der gesagt wurde, daß Vögel über Nacht ein Viertel ihres Gewichts verlieren. Die Kinder stellten diese Behauptung sofort in Frage. „Ist so etwas überhaupt möglich?" Jan meinte, man solle Vögel fangen und vor und nach „ihrem Frühstück am Vogeltisch" wiegen. Diese Idee fand Zustimmung. Als sie über ihre Pläne sprachen, erklärte ihnen der Schulfürsorger, ein Hobby-Ornithologe, wie Vögel gefangen, beringt und gewogen werden. Er sagte ihnen aber auch, daß man zum Fangen und Beringen eine Lizenz brauche. Die Kinder waren enttäuscht, aber schließlich sahen sie ein, daß es notwendig sei, die Vögel zu schützen. Obwohl in der nächsten Zeit verschiedene andere Untersuchungen begannen, behielten die Kinder einen Vogeltisch, den sie regelmäßig beobachteten und mit Futter versorgten.

Eine Textilfabrik

Die Kinder machten sich Gedanken über einen geplanten Besuch in einer Textilfabrik. Dabei entstanden folgende Fragen:
– Woher bekommt man die Wolle?
– Von welcher Art Schafen stammt die Wolle?
– Wie wird sie (die Wolle) gereinigt?
– Wie werden die verschiedenfarbigen Vierecke in Teppichen und Decken hergestellt?
– Was tun die Maschinen?
– Warum webt man nicht eine riesengroße Decke und zerschneidet sie?

Anne, von der die letzte Frage stammte, war überrascht zu erfahren, daß das getan wird. Obwohl die Kinder nicht verstanden, wie die Spinn- und Webmaschinen funktionieren, beobachteten sie die damit zusammenhängenden Vorgänge sehr genau. Nach ihrer Rückkehr in die Schule rekonstruierten sie, was sie in der Fabrik gesehen hatten.
Einige Gruppen bereiteten eine Ausstellung vor, die die grundlegenden Arbeitsgänge bei der Herstellung von Wollsachen zeigte. Eine Gruppe die meinte, sie hätte zu wenig Informationen, fragte, ob sie in ihrer Freizeit noch einmal zur Fabrik gehen könnte. Der Lehrer wollte für den nächsten Samstag einen zweiten Besuch für sie arrangieren, aber die Kinder gingen noch am selben Abend auf eigene Faust. Das war möglich, weil die Kinder in der kleinen und übersichtlichen Fabrik die Arbeiter kannten.
Die Gruppe, die sich mit dem Weben befaßte, geriet durch die Entdeckung

einiger alter Holzwebstühle auf dem Speicher der Schule in helle Aufregung. Diese wurden sofort in Betrieb genommen, um aus Wolle Tuch herzustellen. Das Interesse an den Webstühlen ließ erst nach, als jeder in der Klasse wußte, wie man webt.

Bruce und Brian, die vor dem Besuch gefragt hatten, wo die Wolle in der Fabrik herkommt und welche Sorten verwendet werden, interessierten sich sehr für Schafe. Der Lehrer plante deswegen einen Ausflug zu einer Farm in den Bergen. Aber es war gerade die Zeit, in der die Lämmer geboren werden und die Farmer sehr viel zu tun hatten. Deswegen zerschlug sich sein Plan. Bruce und Brian stellten einen Fragenkatalog zusammen, und die Kinder, die auf einer Farm lebten, erklärten sich bereit, die benötigten Informationen einzuholen.

Diese Informationen wurden auf einer großen Karte zusammengestellt. Sie wurde vervollständigt, als auch Berichte von Freunden und Verwandten eintrafen. An dieser Stelle schien es dem Lehrer wichtig, auch die Verhältnisse in anderen Teilen Englands mit in die Untersuchung einzubeziehen. Unter diesem Aspekt stellten zwei Mitglieder der Gruppe, Jean und Graham, einen neuen Fragenkatalog zusammen. Eine Gruppe untersuchte Proben der Wolle, die sie mitgebracht hatten. Lucille riß die verschiedenen Fäden lediglich entzwei. Da aber im Klassenzimmer Gewichte vorhanden waren, begannen die Kinder bald, den Zerreißpunkt der Wollproben zu bestimmen. Sie entwarfen eine einfache und dennoch wirksame Halterung für den Wollfaden. Sie hängten an den Faden so viele Gewichte, bis er zerriß. Auf diese Weise ermittelten sie den Zerreißpunkt jeder Wollprobe (Abb. 42).

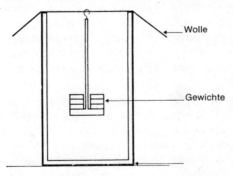

Abb. 42: Zerreißapparat für Wolle

Das Zerreißen schien auf die Kinder eine besondere Anziehungskraft auszuüben, denn danach wurde noch die Stärke verschiedener Papiersorten untersucht. Die Ergebnisse hielten sie in einer graphischen Darstellung fest. Die

Gruppe, die die Haltevorrichtung zum Messen des Zerreißpunktes erfunden hatte, baute diese so um, daß sie sich auch zur Feststellung des Punktes, an dem andere Dinge zerbrechen, eignete. Das erste Objekt, ein Marmeladenglas, widerstand allen Versuchen (Abb. 43). Selbst als sich schließlich ein Junge obendrauf stellte, blieb es heil. Bei dieser Entwicklung der Dinge meinte der Lehrer, daß es sicherer sei, die Versuche auf „Zerreißen" zu beschränken und auf das „Zerbrechen" zu verzichten.

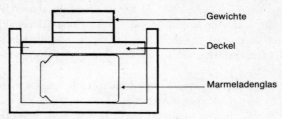

Abb. 43: Zerbrechapparat

Jean und Graham hatten einen guten Bericht geschrieben, der alle Einzelheiten einer Lämmergeburt enthielt. Brian, der eine große Landkarte der Britischen Inseln angefertigt hatte, auf der er die Antworten auf die Fragebogen, die er erwartete, eintragen wollte, wurde langsam ungeduldig, da er die dazu benötigten Adressen nicht erhalten konnte. Deshalb schickte er den ersten Fragebogen einfach ab. Er ging an einen Rennfahrer, der in Berwickshire eine Farm besaß und Brians Vater gelegentlich Vieh verkaufte. Anschriften weiterer Farmen waren nicht zu ermitteln, aber der Rennfahrer antwortete. Er schickte den vollständig ausgefüllten Fragebogen zurück und fügte noch ein Foto mit Autogramm bei, das ihn in einem Rennwagen zeigte. Das entschädigte vollständig für die Fragebogen, die nicht abgeschickt werden konnten. Auf alle Fälle sorgten die Berichte aus der Umgebung für genügend Diskussionsstoff.

Die Gruppe, die sich mit der Festigkeit von Papier beschäftigte, untersuchte Zeitungspapier, Packpapier, Pappe, Zeichenpapier u. a. Auf Anraten des Lehrers wiederholte sie die Versuche mehrere Male, um den durchschnittlichen Zerreißpunkt jeder Papiersorte zu ermitteln. Die Ergebnisse wurden in großen Blockdiagrammen festgehalten. Dieselbe Gruppe untersuchte danach die Zerreißpunkte von Gummibären verschiedener Stärke.

Der Lehrer wollte das Interesse an der Qualität von Materialien fördern und gab den Kindern zwölf verschiedene Sorten Klebstoff in Tuben. Eine große Gruppe Jungen befaßte sich sofort mit diesen Materialien. „Welcher Klebstoff trocknet am schnellsten?" fragte Paul. Die Jungen diskutierten, auf welche Weise sich das am besten herausfinden ließe (Abb. 44).

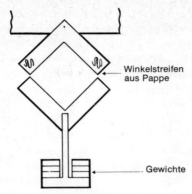

Winkelstreifen
aus Pappe

Gewichte

Abb. 44: Apparat zum Testen von Klebstoff

Daraus entstand folgende Versuchsanordnung:
Sie bestrichen zwei gleich große Winkelstreifen aus Pappe an beiden Enden
mit Klebstoff. Der Leim wurde jeweils sorgfältig auf eine Fläche von einem
Quadratinch aufgetragen. Dann wurden die beiden Streifen an den Stellen
aufeinandergedrückt, wo sie mit Klebstoff bestrichen waren, so daß sie jetzt
ein Quadrat bildeten. Nun wurde das Quadrat an einer nicht geklebten Ecke
an einem Nagel aufgehängt. An die gegenüberliegende Ecke hängten die
Kinder Gewichte, und zwar zuerst nach einer Minute Trockenzeit, dann nach
zwei Minuten usw. Bei den Versuchen benutzten sie eine Stoppuhr.
Damit alle 12 Sorten untersucht werden konnten, bildeten sich Untergrup-
pen. Ein Kind fragte: „Sind die Klebstoffe bei allen Materialien gleich gut?"
Zuerst mußte eine Methode gefunden werden, mit der man die Kraft messen
konnte, die benötigt wurde, um die Adhäsion zu zerstören. Die Kinder untersuchten zuerst Balsaholz (Abb. 45).

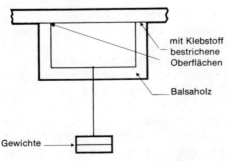

mit Klebstoff
bestrichene
Oberflächen

Balsaholz

Gewichte

Abb. 45: Apparat zum Testen von Klebstoff und Balsaholz

Aber sie benötigten dazu Gewichte, die sie nicht hatten. Aus diesem Grunde war schon der Versuch mit dem Zerstören des Marmeladenglases gescheitert, und es war zu befürchten, daß das jetzt wieder passieren würde. Patrick jedoch kam auf die Idee, Ziegelsteine zu verwenden. Das war die Lösung. Die Kinder suchten zwei Wochen lang nach einer Schnur, die 10–15 pound Ziegelsteine aushielt. Jan fertigte eine Drahtschlaufe, um die Gewichte zu halten.

Es war schwierig, das Versuchsmaterial und die Gewichte zwischen den Tischen zu befestigen. Da brachte ihnen der Schulhausmeister ein altes Tafelgestell. Das funktionierte wunderbar, aber wegen der großen Fallhöhe bestand die Gefahr, daß die Ziegelsteine zerbrachen. Um das zu verhindern, legte Jan Schaumstoffmatten unter das Tafelgestell (Abb. 46).

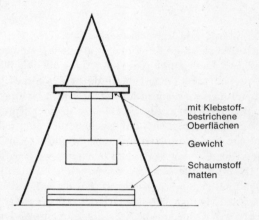

Abb. 46: Versuchsanordnung mit Tafelgestell

Die Kinder, die Klebstoff im Zusammenhang mit Gummi und Glas untersuchten, hatten Schwierigkeiten, den Zerreißpunkt genau zu bestimmen. Sie zogen an den geklebten Verbindungen vorsichtig mit der Hand und schätzten den benötigten Zug mit Hilfe einer 5-Punkte-Skala. Ihre Schätzungen überprüften sie mehrmals. In ihre Aufzeichnungen übernahmen sie nur sorgfältig gemessene Ergebnisse.

Als die Festigkeit der Klebstoffverbindungen bei verschiedenen Materialien untersucht wurde, entdeckte eine Gruppe, daß Hartfaserplatten, wenn überhaupt, nicht an der geklebten Stelle zerbrechen. Am Ende der Arbeit machten die Kinder eine Ausstellung.

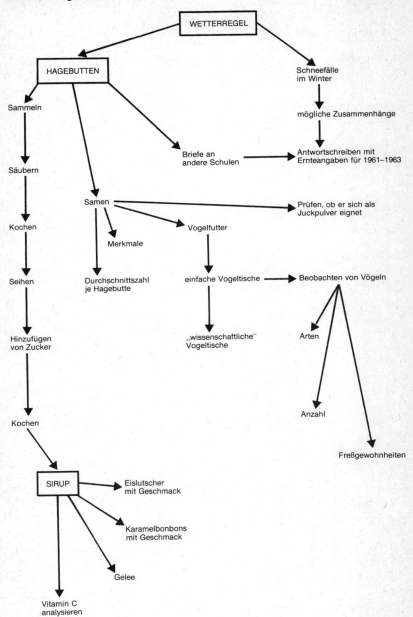

Textilfabrik

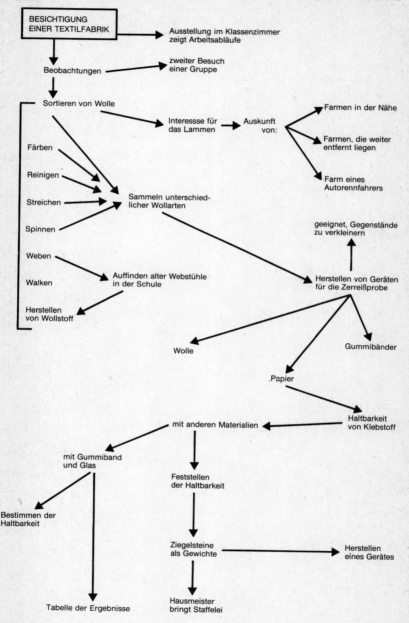

Abb. 48

168

Abb. 49

Vögel

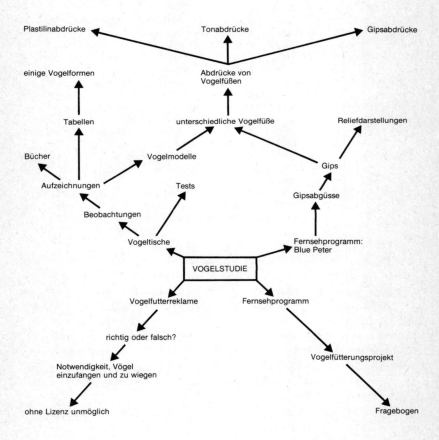

Am Fluß

Alter	10–11 Jahre, in Fähigkeiten und Leistungen heterogen zusammengesetzt
Klassenstärke	44 Jungen und Mädchen
Gesamtschülerzahl	160
Zeit	Herbst
Gebäude	vor mehr als 100 Jahren gebaut; große Halle in der Mitte; Klassenzimmer durch verglaste Trennwände abgeteilt
Klassenzimmer	die Klasse wurde für ein normales Klassenzimmer zu groß und mußte in einen Anbau der Schule verlegt werden, der vorher als Museum gedient hatte; moderne Tische und Stühle; eine Steckdose
Umgebung	erhöhter Standort am Rand eines großen Dorfes; Einzugsgebiet sind das Dorf und das landwirtschaftlich genutzte Umland
Geographische Lage	Nordostengland; Ort liegt an einem Fluß; ortsansässige Industrie, Landwirtschaft, Steinbrüche, Herstellung von Drainagerohren aus heimischem Ton

Der Lehrer und die Kinder besprachen das Programm für die nächsten Monate; sie beschlossen, den Fluß zu untersuchen. Beim ersten Besuch am Fluß hielten sie nach allem Interessanten Ausschau. Eine Reihe von Kindern sammelte Kiesel, während andere versuchten, Elritzen und kleine Wassertiere zu fangen. Zwei Jungen fanden eine Stelle, an der das Ufer abbröckelte. Als sie die Schichtung von Sand und Erde bemerkten, schaufelten sie die Erde ab, um herauszufinden, was darunterlag. Sie wollten gerne wissen, ob sie irgendwann auf Wasser stoßen würden. Einige Kinder warfen Steine ins Wasser, aber trotz der Hinweise des Lehrers zeigten sie kein Interesse an den ringförmigen Wellen, die sich bildeten. Als es ihnen keinen Spaß mehr machte, suchten sie nach Wassertieren.

Die Kinder, die nicht recht wußten, was sie tun sollten, gingen zum Lehrer, um von ihm Anregungen zu erhalten. Als sie sahen, daß er Pflanzen sammelte, taten sie das auch und brachten ihm ihre Funde zur Begutachtung. Die meisten Kinder waren viel in Bewegung und sammelten eine Menge verschiedenen Materials.

Nachdem sie ins Klassenzimmer zurückgekehrt waren, untersuchten sie das gesammelte Material. Einige Kinder, die ähnliche Gegenstände gesammelt hatten, fanden sich in kleinen Gruppen zusammen, aber die Mehrzahl arbeitete allein. Susan hatte einige Weidengalläpfel gefunden, die sie mit Hilfe eines Nachschlagewerkes zu identifizieren versuchte. Zu diesem Zweck baute sie aus einem Marmeladenglas, einem Stück Papier und einem Gummi einen Käfig. Als sie merkte, daß in diesem Behälter die Gallfliegen nach dem Ausschlüpfen ertrinken konnten, veränderte sie ihn.

Nach dem Mittagessen erklärte Susan: „Ich habe die ganze Zeit über den Käfig nachgedacht. Er muß zugedeckt werden, sonst fliegen die Gallfliegen davon."

Sie fand eine Plastiktüte, stach mit einer Stecknadel ein paar Löcher hinein und stülpte sie dann über das Glas. Einige Tage lang war sie damit zufrieden, aber dann fand sie noch bessere Lösungen.

Eines Tages bemerkte sie Luftblasen, die sich an einer Seite des Marmeladenglases unter Wasser bildeten und wollte wissen, ob sie von dem Zweig stammten. Als der Lehrer fragte, wie sie das herausfinden könne, meinte sie, sie würde ein zweites Glas mit Wasser füllen, es genauso mit Papier bedecken, aber keinen Zweig hineinlegen. Der Versuch wurde auf diese Weise durchgeführt, und sie stellte fest, daß das Wasser die Ursache der Blasen war und nicht der Zweig.

Eine andere Gruppe untersuchte Flußkiesel. Sie nahm an, daß das Wasser die rauhen Kanten abgeschliffen habe und führte Experimente durch, um zu sehen, ob die Annahme richtig sei.

Einige Kinder rieben Steinstücke aneinander, um drei verschiedene Arten von Erde herzustellen. Um sich zu vergewissern, daß es auch richtige Erde war, säten sie Kresse darauf aus. Zur großen Freude der Kinder keimten die Samen tatsächlich. Als jedoch die Triebe nach ein paar Tagen abstarben, untersuchten sie, ob dasselbe auch in Gartenerde geschehen würde. Samen wurde in der Gartenerde und in anderen Bodenarten ausgesät und die Ergebnisse verglichen. Auf Vorschlag des Lehrers legten die Kinder auch ein paar Samen in einen Büchsendeckel, der nur Leitungswasser enthielt. Die Kresse wuchs hier fast so gut wie in der Erde, die sie aus den Steinen gerieben hatten. Schließlich fiel ihnen ein, daß ihren Böden Nährstoffe für Pflanzen fehlten. Sie fügten deshalb Dünger hinzu und säten noch einmal Kresse aus. Sie lasen, daß Pflanzen sich von Humus nähren, der aus verrottenden organischen Stoffen entsteht. Daraufhin säten sie erneut Kresse aus, und als sie abstarb, vermischten sie diese mit Erde. Sie wollten das mehrere Male wiederholen, um festzustellen, ob sich der Zeitraum bis zum Absterben der Pflanzen verlängere. Dieses Unternehmen erwies sich als zu langwierig, das Interesse schwand, und ein Ergebnis wurde nicht erzielt.

Die Kinder identifizierten auch viele Kiesel und lernten, verdünnte Säure als Bestimmungsmittel für Kalk einzusetzen. Daraus entwickelte sich ein Interesse an Mineralien und Gesteinsarten.

An vielen Stellen wurden Erdproben entnommen und dann miteinander verglichen. Kinder, die am Wochende einen Ausflug gemacht hatten, brachten

Proben mit, die sich in Farbe und Beschaffenheit unterschieden. Hierfür suchten sie nach Erklärungen.

Eine zweite Gruppe interessierte sich für die Tiere, die sie gefunden hatten. Die Kinder stellten Aquarien für die Wassertiere auf und benutzten Plastikbehälter als Behausungen für die Landtiere. Sie beobachteten sehr viel, gelegentlich experimentierten sie auch.

Zwei Mädchen beobachteten Spinnen beim Weben ihrer Netze. Sie versuchten, eine Spinne dazu zu bringen, einen richtigen Kreis zu weben, indem sie ihr verschiedene Rahmen zum Netzbauen anboten. Dann brachten sie zwei Spinnen in einem Käfig zusammen, um zu sehen, wie sie aufeinander reagierten. Sie suchten auch nach Möglichkeiten, um Netze zu sammeln und aufzubewahren. Dabei entdeckten sie eine gute Methode, Netze zu finden. Diese Methode gründete sich auf die Beobachtung eines Jungen, daß alle Netze in einer Hecke an feuchten, nebligen Tagen gut sichtbar waren. Die Kinder besprühten die Hecke mit Wasser und konnten dann alle Netze sehen. Nach vielen Versuchen fanden sie, daß der beste Weg, ein Netz mitzunehmen, darin bestand, es mit weißer Kreide zu bestäuben, so daß es sich deutlich abhob, dann einen durchsichtigen Klebstoff ringförmig auf ein Stück schwarzes Papier aufzutragen, das Papier an das Netz zu drücken und die Fäden, die das Netz an den Zweigen hielt, durchzuschneiden. Die Netze wurden dann, um sie in gutem Zustand zu erhalten, mit durchsichtiger selbstklebender Plastikfolie bedeckt.

Die Kinder lernten schnell, zwischen Insekten und Spinnen zu unterscheiden und die Hauptmerkmale beider zu erkennen. Besonders interessierte sie die Nahrung und ihre Freßgewohnheiten. Viele Beobachtungen wurden nicht schriftlich festgehalten. Der Lehrer bestand auch nicht darauf, da er meinte, daß nur dann etwas aufgeschrieben werden sollte, wenn es auch für andere interessant sei. Manchmal zeichneten die Kinder Skizzen, die ihnen offensichtlich halfen, das Gesehene zu verstehen. Als der Lehrer eines Nachmittags aufräumte, fand er auf dem Aquarium eine wirklichkeitsgetreue Zeichnung eines Fisches, die ein Kind angefertigt hatte.

Eine kleine Gruppe von Kindern beschäftigte sich mit der Brücke. Sie fanden Zeichen, die die Steinmetze in die Steine geritzt hatten, schlugen in Büchern nach, um zu sehen, warum sie benutzt worden waren und fanden dabei etwas über die Geschichte dieser Gewohnheit heraus.

Sie vermaßen die Brücke sorgfältig, um ein Modell herstellen zu können. Zur Feststellung der Höhe zwischen Wasserspiegel und Brückengeländer benutzten sie eine Schnur mit einem Gewicht am Ende. Während des Messens bemerkten sie, daß der Grundriß jedes Pfeilers ein in Richtung der Strömung lang zulaufendes Sechseck darstellte. Weil sie meinten, dies könne unmittelbar etwas mit der Strömung zu tun haben, sägten sie ähnliche Formen aus

172

Balsaholz aus und zogen sie durchs Wasser. Dabei fanden die Kinder heraus, daß es einfacher war, sie mit dem spitzen Ende flußaufwärts gerichtet zu ziehen. Diese Beobachtung führte zu einer Diskussion über Stromlinienformen. Die Idee, ein Modell der Brücke zu bauen, wurde fallengelassen. Stattdessen klebten die Kinder aus ausgeschnittenen Papierstückchen ein großes Bild der Brücke zusammen. Sie durchsuchten einen ganzen Stoß von Illustrierten nach geeignetem Papier, konnten aber nichts in der richtigen Farbe finden. Deshalb beschlossen sie, das Papier selbst zu färben. Vom Fluß wurde ein Stein geholt, der in der Farbe mit der Brücke übereinstimmte. Dieser Stein sollte als Muster dienen. Erst dann zerschnitten sie das Papier und klebten es auf. Dies zeigte ihre zunehmende Aufmerksamkeit für das Detail und ihren wachsenden Sinn für Genauigkeit.

Susan zeigte ein ähnlich kritisches Verhalten, als sie über ein Bild in einem Buch feststellte: „Die Blaubeerblätter sind nicht gut gezeichnet." Auf die Frage, woher sie das wisse, sagte sie: „Am Samstag habe ich eine Menge davon gepflückt und sie mit den Bildern in dem Buch verglichen."

Nachdem die Kinder ihr Bild von der Brücke fertiggestellt hatten, richteten sie ihre Aufmerksamkeit auf den Verkehr auf der Brücke und untersuchten den Verkehrsfluß zu verschiedenen Tageszeiten.

Die Kinder stellten auch die Geschwindigkeit fest, mit der der Fluß unter der Brücke durchfloß. Zu diesem Zweck wollten sie einen Stock hineinwerfen und stoppen, wieviel Zeit er für eine bestimmte Strecke braucht. Als der Lehrer fragte: „Welche Strecke?", antworteten sie, es müßte eine sein, für die sich die Geschwindigkeit des Flusses leicht ausrechnen lasse. Andrew schlug hundert *yards* vor, aber William meinte, sie könnten doch auch eine „Meßkette" benutzen, da sie gerade eine hatten und genau achtzig Ketten eine Meile ausmachten. Sie markierten die Strecke und warfen dann ein kleines Stück oberhalb der Markierung einen Stock ins Wasser. Als er an der Markierung vorbeitrieb, drückten sie die Stoppuhr und rannten dann zur nächsten Markierung, um auch dort die Zeit nehmen zu können. Sie führten drei oder vier Versuche durch und verwendeten zur Berechnung der Geschwindigkeit die Durchschnittszeit.

Danach besprachen sie andere Methoden, um die Flußgeschwindigkeit herauszufinden. Kevin sagte: „Wir könnten Roys Fahrrad mit der gleichen Geschwindigkeit, die der Stock hat, am Ufer entlang schieben. Es hat einen Tachometer." David wollte ein Schaufelrad ins Wasser halten und die Umdrehungen pro Minute zählen. Er glaubte auch, daß es möglich sei, einen Tachometer am Schaufelrad zu befestigen, aber die anderen machten ihm klar, daß das nicht ginge. Leider begannen die Ferien, bevor diese Ideen ausprobiert werden konnten.

Von Anfang an hatte sich eine vierte Gruppe für Bäume interessiert. Sie sammelten und verglichen Blätter, Zweige und Rinden von verschiedenen Bäumen und stellten Abreibebilder von Rinden her. Für die Bestimmung von Bäumen halfen die Abreibebilder nicht viel, da die Rinde von einem alten Baum ganz anders aussah als die Rinde von einem jungen Baum derselben Art. Eine junge Eiche hat glatte Rinde, eine alte rauhe. Manchmal ist die Rinde sogar an verschiedenen Stellen eines Baumstammes anders. Sie zeichneten eine große Karte der Flußumgebung und vermerkten den Standort jedes Baumes, so daß sie in ihrem Text genau angeben konnten, von welchem der Bäume die Rede war.

John, ein Bauernsohn, bemerkte, daß an einigen Stellen des Flußufers das Gras besonders grün und dicht war. Er entdeckte an diesen Stellen Kuhdung und überlegte, warum das Vieh nicht das saftige Gras, das hier wuchs, gefressen hatte. Daraufhin schrieb er an ein Landwirtschaftsinstitut, um sich nach der Ursache zu erkundigen. Er bekam zur Antwort, daß die Kühe vermutlich den Geruch mieden; ein natürlicher Schutz gegen Parasiten. Er verfolgte die Sache weiter und begann, sich mit Milchvieh und landwirtschaftlichen Geräten zu beschäftigen.

Eine Gruppe bastelte ein vier Fuß langes Modell einer Elritze. Eine andere Gruppe modellierte eine Spinne und verbesserte das Modell, indem sie immer weitere Details hinzufügte. Der Rektor meinte dazu: „Diese Spinne ist jetzt schon drei Wochen lang jeden Tag einmal fertig gewesen." Eines Tages hatten die Kinder sie bereits ausgestellt, als jemand sagte: „Da stimmt etwas nicht. Eine Spinne hat Klauen an den Füßen." Die genaue Untersuchung einer Spinne zeigte, daß das richtig war. Das Modell wurde wieder abgenommen und Klauen angefügt. Obwohl die Kinder jeden Tag irgendwelche Änderungen und Verbesserungen vorschlugen, merkten sie nicht, daß ihr Modell nur sechs Beine hatte.

Gegen Mitte des Halbjahres bildeten sich zwei neue Untersuchungsrichtungen heraus. Eine Gruppe von Kindern fing an, Steine von der Brücke fallen zu lassen. Sie erwarteten, daß die großen, schweren Steine schneller fallen würden als die kleinen, leichten. Zu ihrer Überraschung schienen alle mit derselben Geschwindigkeit zu fallen, deshalb versuchten sie, die Zeit mit einer Stoppuhr zu messen. Das war wegen der Kürze der Fallzeit sehr schwierig. Sie baten den Lehrer um Hilfe, der wußte aber auch keinen Rat. Die Kinder diskutierten das Problem und kamen auf den Gedanken, zwei Steine gleichzeitig fallen zu lassen. Das taten sie viele Male, wobei sie Steine von unterschiedlichem Gewicht verwendeten und feststellten, daß sie alle mit der gleichen Geschwindigkeit fielen, mit Ausnahme von besonders flachen Steinen, die „in der Luft fast schwebten". Als weiterer Test ließen sie zwei Kanister, die sie gefunden hatten, vom Flachdach eines Schuppens fallen. Die Kanister schlugen zur gleichen Zeit auf dem Boden auf. Dann füllten die Kinder einen davon mit Sand und ließen sie noch einmal fallen. Der schwerere Kanister traf zuerst auf der Erde auf. Das verwirrte die Gruppe, denn es widersprach allen ihren vorherigen Beobachtungen.

Inzwischen hatten sie alles gelesen, was sie über Galilei und Newton finden konnten. Sie meinten, daß ihre Versuche mit den Steinen bestätigten, was Galilei entdeckt hatte, die Kanister aber schienen ihn zu widerlegen. Die Kinder waren darin einig, daß sie mehr Versuchsergebnisse brauchten und daß sie die Kanister aus einer größeren Höhe fallen lassen mußten.

Eine neue „Forschungsaktivität" tat sich auf, als Andrew ein Modell bastelte. Er stellte dabei fest, daß ein Stück Draht, wenn man es immer hin und her biegt, heiß wird. Plötzlich wollte das die ganze Klasse ausprobieren. Außerdem wurden alle möglichen Materialien aneinander gerieben, um zu sehen, ob sie heiß werden. Allmählich schlich sich das Wort ‚Reibung' in die Diskussion ein.

Jemand erinnerte sich daran, daß er in einem Lexikon gelesen hatte, wie primitive Völker Feuer machen. Das probierten die Kinder aus. Sie rieben einen Stock an einem Stein, aber obwohl ihre Hände sehr heiß wurden, gab es keinerlei Anzeichen für Feuer. Sie schrieben an die Herausgeber des Lexikons, erzählten von ihren Bemühungen und baten um weitere Informationen. In dem Antwortbrief erklärten die Herausgeber, daß die primitiven Völker eine genaue Kenntnis des geeigneten Holzes und des Zündsteins hätten und daß ihre Hände sicher viel widerstandsfähiger seien als die der Kinder. Diese Antwort leuchtete ihnen ein.

Auf ganz unerwartete Weise kam es nun zur Bearbeitung von Steinen und Holz. Um Feuer machen zu können, drehte John einen Stock mit einem Bogen in einen ausgehöhlten Stein. Er fand keinen passenden Stein und benutzte deshalb einen Hammer und einen sechs *inch* langen Nagel, um eine Vertiefung in ein Stück Sandstein zu hauen.

Einige Tage später brachte er vom Fluß einen Stein mit und verwandelte ihn in einen Kopf, indem er zwei Augen und einen Mund hineinmeißelte. Ein anderer Junge schnitt von einem Stück Treibholz einige Teile ab und verwandelte es auf diese Weise in einen Koala-Bären. Wieder einmal war nun die ganze Klasse daran interessiert, etwas auszuprobieren, was sie bei einem einzelnen gesehen hatte, und die meisten meißelten etwas aus Stein.

Abb. 50

Am Fluß

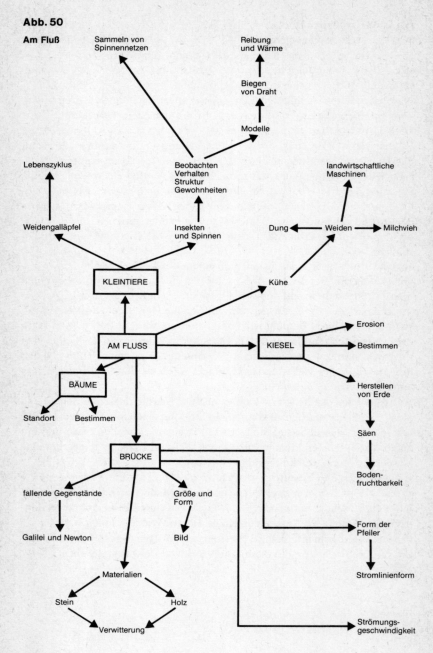

176

Selbstgefertigte Arbeitsmaterialien

Elementare Elektrizität

Einführung

Lehrer freuen sich über Schülerarbeiten besonders dann, wenn sie Originalität und Geschick widerspiegeln. Die im folgenden abgebildeten Arbeiten stammen von durchschnittlich begabten Jungen und Mädchen aus einer normalen Schule, die auch hinsichtlich der Ausstattung und der Räumlichkeiten keine besonderen Vorzüge aufweist. Die Kinder, von denen keines für den Besuch des Gymnasiums vorgeschlagen worden war, besuchten die vierte Klasse.

Ziel des Unterrichts war es, den Kindern Gelegenheit zur Lösung von Problemen zu geben, die sich im Verlauf ihrer Arbeit gestellt hatten. Manchmal war die Lösung eines solchen Problems die notwendige Voraussetzung für eine bestimmte Untersuchung. So gab es mehrere sehr einfallsreiche Versuche, Fassungen für Glühbirnen zu basteln. Eine Vorbedingung in diesem Fall bestand darin, daß sich die Kinder bei der Materialsuche auf Abfälle und Kleinigkeiten, wie sie täglich benutzt und weggeworfen werden, zu beschränken hatten. Die folgenden Beispiele zeigen, wie einfallsreich und findig die Kinder in den verschiedenen Situationen reagierten und wie sie mit viel Phantasie die unterschiedlichsten Materialien heranholten. Den Draht bezogen sie von einem Schrotthändler am Ort. Das restliche Material stammte aus einer großen Schachtel voll gesammelter Reste und Kleinigkeiten, die im Klassenzimmer stand. Einige Gegenstände brachten die Kinder von zu Hause mit. Das einzige, was der Lehrer zur Verfügung stellte, waren Glühbirnen und Batterien.

Einige einfache Geräte wie kleine Schraubenzieher, Kneifzangen und Sägen waren vorhanden. Lineale, Scheren und Klebeband vervollständigten die Ausstattung. Fast alle Arbeiten wurden auf normalen Schultischen durchgeführt. Ein stabiler Tisch in einer Ecke des Klassenzimmers diente als Sägebank. Auf ihm wurden außerdem die Arbeiten verrichtet, die möglicherweise die Tischflächen beschädigen konnten. Die Kinder wußten bald, was zu tun war, ohne daß der Lehrer besonders nachdrücklich darauf hinweisen mußte. Mit den beschränkten Möglichkeiten, dem unzureichenden Arbeitsmaterial und den oft völlig ungeeigneten Werkzeugen mußten die Ergebnisse in einigen Fällen recht grob ausfallen. Das war durchaus kein Nachteil, da die Denkvorgänge und Arbeitsweisen der Schüler auf diese Weise klar hervortraten. Vieles, was die Kinder hergestellt hatten, zeigte deutlich die intensiven Überlegungen und Bemühungen, die in die Realisierung eingegangen waren.

Die Beispiele sollen nicht zur bloßen Nachahmung dienen, sondern die ganze Palette der Möglichkeiten zeigen, die man bei einer kreativen Arbeit erwarten kann. Anhand unserer Beispiele kann der Lehrer ungefähr abschätzen, auf welche möglichen Entwicklungswege er gefaßt sein muß und welchen Spielraum Kinder dieses Alters brauchen, wenn sie wirklich selbständig entdecken und erfinden sollen.

Einige Lehrer finden es vielleicht besser, die Kinder in begrenztem Umfang mit vorgefertigten Teilen arbeiten zu lassen. Sie halten es weder für möglich noch für nötig, die Arbeit völlig von Grund auf und aus dem Nichts zu beginnen. Sie sind vielleicht der Meinung, daß die Kinder durch die Verwendung vorgefertigter Teile schneller an das Kernproblem herankommen, als wenn sie erst einmal eine Menge sekundärer Schwierigkeiten bewältigen müssen. Ganz ablehnen läßt sich diese Einstellung sicherlich nicht. Bevor man jedoch die Frage endgültig entscheidet, sollte man zwei Dinge bedenken.

Zum einen hängt es vom Stadium der Arbeit ab, welche Materialien zur Verfügung gestellt werden. Im fortgeschrittenen Stadium benötigen die Kinder eher vorgefertigtes Material als zu Beginn, wenn die Entwicklung noch offen ist.

Zum anderen verlangt das Kind mit zunehmend differenziertem Denken nach anspruchsvollerem Gerät. In der Sekundarstoffe sind komplizierte Geräte durchaus sinnvoll. Es ist natürlich gut, wenn die Kinder allmählich ein Bedürfnis nach anspruchsvolleren Geräten entwickeln und deren Nützlichkeit einsehen.

Unabhängig jedoch davon, ob wir Primar- oder Sekundarstufe betrachten: Wichtig ist vor allem, daß die Kinder zum selbständigen Denken geführt werden. Die Geräte sind nur das Mittel, diesen Zweck zu erreichen. Es wäre daher falsch, unbedingt auf dem Selbsterfinden von Geräten und Apparaten zu bestehen; ebenso falsch aber auch, den Kindern nur fertige Materialien in die Hand zu geben und ihnen dadurch oft gute Gelegenheiten für Entdeckungen zu nehmen.

Fassungen A

Im folgenden werden zwei erfolgreiche Versuche beschrieben, Fassungen auf einfachste Weise herzustellen. Die erste Fassung besteht aus einer leeren Streichholzschachtel. Eine Reißzwecke, deren Spitze den Kontakt zur Glühbirne herstellt, wurde von unten durch die Schachtel gedrückt. In die Oberseite der Schachtel wurde ein Loch gebohrt und die Glühbirne eingeschraubt. Zur Reißzwecke und zum Schraubsockel führt jeweils ein Draht. So wird die Verbindung zur Stromquelle hergestellt. Beim Auswechseln von Glühbirnen offenbaren sich sehr bald die Nachteile dieser Fassung.

Die zweite Fassung besteht aus einem ausgehöhlten Kerzenstumpf. Ein Draht für den Sockelkontakt wurde durch das Wachs hindurchgestoßen. Die Glühbirne wurde in das Loch hineingedreht und ein Draht, der den zweiten Kontakt herstellt, um den Schraubsockel gewickelt. Isolierband hält beide Drähte an den Seiten der Kerze fest. Auf diese Weise entsteht Spielraum für Anschlüsse, ohne daß die Kontakte unterbrochen werden. Diese Fassung war brauchbarer als die aus der Streichholzschachtel.

Abb. 51

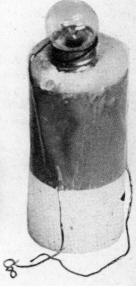

Abb. 52

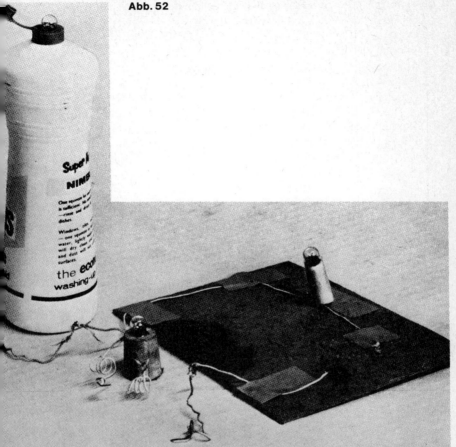

Fassungen B

Hier werden drei weitere Versionen dieses grundlegenden Geräteteils gezeigt. Die erste Fassung besteht aus einer leeren Reinigungsmittelflasche.
Der Stöpsel ist entfernt und die Glühbirne in die Öffnung hineingeschraubt
worden. Durch den Boden des Behälters wurden die Drähte zum Seiten- und
Bodenkontakt der Glühbirne geführt. Leider erwies sich die Flasche im leeren Zustand als überraschend instabil.

Eine andere Gruppe befaßte sich mit der Aufgabe, die Fassung auf eine feste Grundplatte zu montieren. Die Abbildung ganz rechts zeigt die Lösung. Ein Stück Papier dient als Grundplatte. Die Glühbirne selbst wird durch eine Papprolle gehalten. Die Drahtverbindungen zur Glühbirne sind durch Isolierband auf der Grundplatte befestigt. Reißzwecken bilden die Kontakte zur Glühbirne.

Eine besonders gelungene Fassung zeigt die Abbildung in der Mitte. Sie besteht aus einem Korken, dessen oberer Teil ausgehöhlt wurde, um die Glühbirne aufzunehmen. Durch zwei andere Löcher an der Seite wurden die Verbindungsdrähte hindurchgezogen. Dafür wurde ziemlich steifer Draht verwendet, der zugleich die Glühbirne besser im Korken festhielt.

Fassungen C

Einige Versuche erforderten Fassungen, die auf einer Grundplatte befestigt waren. Die Abb. 53 b zeigt, daß sich eine einfache Wäscheklammer für diesen Zweck eignet. Die Feder wurde entfernt und die Glühbirne in den ausgehöhlten Teil der Klammer gesteckt. Zwei Nägel halten die beiden Teile der Wäscheklammer zusammen und zugleich auf der Grundplatte fest. Den unteren Kontakt zur Glühbirne bildet eine von oben in die Holzplatte gedrückte Reißzwecke. Der obere Kontakt besteht aus einem blanken Draht, der in-

Abb. 53

182

nerhalb der Klammer verläuft. Erwähnenswert ist noch der Schalter, der aus drei Reißzwecken und einer aufgebogenen Büroklammer besteht.

Die Abb. 53a zeigt eine weitere Möglichkeit, Wäscheklammern als Fassungen zu verwenden. Auf dem Bodenbrett wurde eine Parallelschaltung montiert. Schraubösen dienen als Kontakte zur Stromquelle. Es ist interessant, wie die Form der Grundplatte aus Sperrholz die Aufteilung der Materialien bestimmt und zu einer ziemlich kompakten Anlage geführt hat.

Fassungen D

Normalerweise kauft man Fassungen. Aber wie wir schon gesehen haben, sind die Kinder durchaus in der Lage, sie selber herzustellen. Die Abbildung zeigt einige solcher improvisierter Fassungen, für die unterschiedliche Materialien verwendet wurden.

Abb. 54

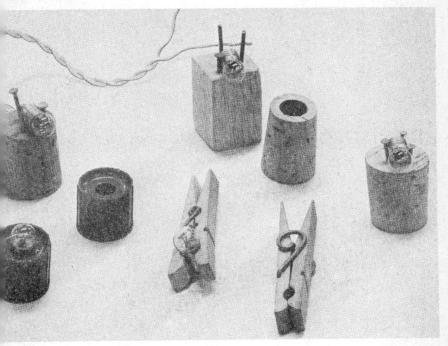

Reihen- und Parallelschaltungen

Abbildung 55 zeigt ein kompliziertes Schaltsystem, das aus einfachsten Materialien entwickelt wurde. Für diese Aufgabe war ein großes Bodenbrett erforderlich, das von einem alten Schülertisch stammte. Es befand sich mit anderen Holzresten im Materialraum der Klasse.

Bemerkenswert ist die Verwendung von Reißzwecken nicht nur zur Befestigung der Drähte, sondern auch als Elemente für Schalter. Den Kindern wurde bewußt, daß ihre improvisierten Fassungen zur Lösung dieser Aufgabe nicht ausreichen. Sie sahen nun den Vorteil vorgefertigter Materialien ein.

Abb. 55

184

Summer A

Hinter diesem primitiv aussehenden Gerät – einem Summer – verbirgt sich eine ganz erstaunliche Denkarbeit. Grundbestandteil der Konstruktion sollte eine Fahrradspeiche sein, die sowohl den Vibrator als auch den Kontakt bildet. Deshalb wurde ein ziemlich großes Brett als Unterlage ausgesucht. Die Hauptschwierigkeit bestand darin, die Speiche so anzubringen, daß sie an einer Seite befestigt war und ausreichend Platz zum Schwingen hatte. Die Kinder lösten das Problem in der Weise, daß sie die Speiche durch eine Streichholzschachtel schoben und diese mit Klebeband an der Unterlage befestigten. Die Speiche, die gleichzeitig den Unterbrecherkontakt im Stromkreis bildete, mußte nun mit einem Draht versehen werden, der sie mit dem Endpunkt – einer Reißzwecke – verband. Der Draht wurde schließlich in der Nähe des festen Endes angebracht.

Ein weiterer wichtiger Bestandteil ist der Elektromagnet. Er wurde aus einem mit Draht umwickelten Nagel hergestellt und mit Plastilin auf der Unterlage befestigt. Tesafilm hält den Verbindungsdraht auf dem Holzbrett fest, damit er nicht mit der vibrierenden Speiche in Berührung kommt. Dieser primitive Apparat funktionierte einigermaßen zufriedenstellend. Wenn Strom floß, vibrierte die Speiche – die Streichholzschachtel gewährte genügend Bewegungsfreiheit – und erzeugte ein hörbares Geräusch.

Abb. 56

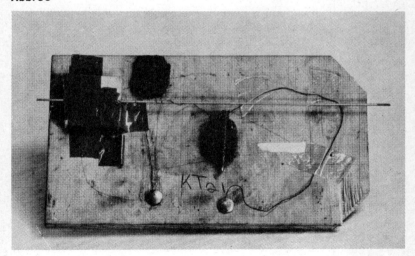

Summer B

Dieses Beispiel zeigt, wie schnell Kinder ihre Geräte verbessern, wenn sie ihre ersten Versuche kritisch betrachten. Die Unvollkommenheit des ursprünglichen Modells (Summer A) wurde bald offensichtlich. Die zweite Version brachte einige Verbesserungen.

Die Speiche wurde auf die gleiche Weise befestigt. Auch hier hält Knetmasse den Elektromagneten an seinem Platz. Die Befestigungspunkte allerdings erhielten eine andere Anordnung. Als Gong diente eine leere Büchse. Anhand dieses und des vorangegangenen Beispiels erarbeiteten die Kinder die wesentlichen Eigenschaften einer elektrischen Klingel.

Abb. 57

Summer C

Der weitere Verlauf der Arbeit führte nicht nur zur Verkleinerung der Geräte, sondern brachte auch wirkungsvollere Summer hervor. Der rechts abgebildete Summer entstand zuerst. Die Kinder waren darauf gekommen, daß zwei Spulen einen noch stärkeren Magneten ergeben müßten als eine. Dieser Gesichtspunkt allein führte schon zu vielen Experimenten mit dem Wickeln von Spulen usw. Der Vibrator besteht aus einem (aus einer alten Büchse geschnittenen) Blechstreifen, der mit Reißzwecken auf der Grundplatte festgehalten wird. Der nach oben gebogene Draht dient als Unterbrecherkontakt. Wesentlich für das Funktionieren des Gerätes war natürlich die Genauigkeit beim Anbringen der einzelnen Teile. Bei der Konstruktion mußten Blechstreifen und Unterbrecherdraht so gebogen werden, daß Vibration und Unterbrechung möglich waren. Glücklicherweise sprach das Gerät so gut an, daß es schon ein paar verfrühte Laute abgab, als die Anordnung noch gar nicht fertig war. Nach einigem Probieren wurde die richtige Einstellung gefunden, und das Gerät funktionierte recht gut.

Die Veränderung am linken Modell besteht lediglich im Einbau eines Schalters, der auch als Morsetaste Verwendung fand.

Abb. 58

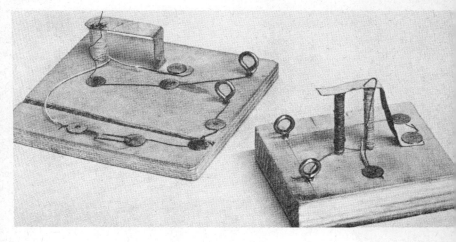

Summer D

Die Bemühungen um immer vollkommenere Lösungen führten schließlich zu den drei abgebildeten Modellen. Das obere Gerät ist erstaunlich klein. Im Experiment fanden die Kinder heraus, daß die Elektromagneten an Kraft zunehmen, wenn man sie klein hält, ihnen aber eine größere Anzahl von Windungen gibt. Nach mehreren Versuchen erhielten die Summer schließlich die gewünschte Größe.

Abb. 59

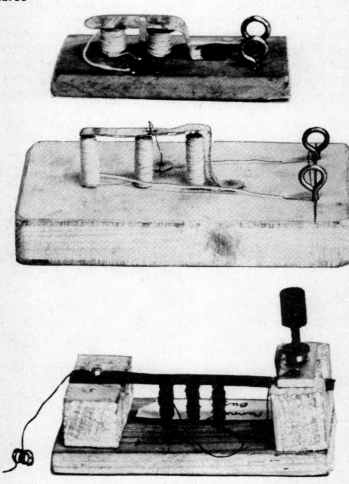

Das mittlere Modell enthält drei Elektromagneten. Dies war ein weiterer Schritt beim Bemühen, den Apparat klein und doch leistungsstark zu machen. Allerdings mußte der Vibrator ständig neu zurechtgebogen werden. Viele Diskussionen kreisten um dieses Problem. Die daraus resultierende Lösung ist im untersten Modell zu sehen.

Mit dem unten abgebildeten Summer erreichten die Kinder die Grenze ihrer Möglichkeiten. Veränderungen im Entwurf haben die Verwendung eines kleinen Sägeblatts als Vibrator ermöglicht. Die drei Elektromagneten waren ausreichend stark.

Die Vibrationsstärke wird durch eine Stellschraube, die ein Kind von zu Hause mitgebracht hatte, geregelt. Das Gerät zeigt nicht nur eine erstaunliche Weiterentwicklung der handwerklichen Fertigkeiten, sondern auch ein hohes Maß an Planung und gedanklichem Einblick. Wenn man diesen relativ komplizierten Apparat ansieht, sollte man sich vergegenwärtigen, daß er aus den primitiven Geräten, die wir zuvor beschrieben haben, hervorgegangen ist.

Regenalarm

Dieses Gerät stellt eine bemerkenswerte Entwicklung dar. Es illustriert deutlich die vielfältigen technischen Anwendungsmöglichkeiten naturwissenschaftlicher Erkenntnis. Ein sehr wirkungsvoller Summer war nach dem Muster der vorangegangenen Modelle hergestellt worden und sollte nun in einem „Regenalarmgerät" Verwendung finden.

Der Summer enthält einen langen Verbindungsdraht, der in zwei Reißzwecken endet. Diese sind an den beiden Innenseiten einer hölzernen Wäscheklammer befestigt, die durch eine leicht lösliche Aspirintablette auseinandergehalten wird. Die Wäscheklammer wurde dann außerhalb des Klassenzimmers an eine Stelle gelegt, an der sie bei Regen sofort feucht werden mußte. Wurde das Aspirin feucht, zerfiel es, die Wäscheklammer schnappte zu; der Stromkreis schloß sich und ließ den Summer ertönen.

Die Probleme, die sich beim Bau dieses Apparates ergaben, sind leicht zu erkennen. Sie reichten von der Suche nach einer geeigneten Tablette bis zur Herstellung eines langen Drahts aus dem zur Verfügung stehenden Material.

Abb. 60

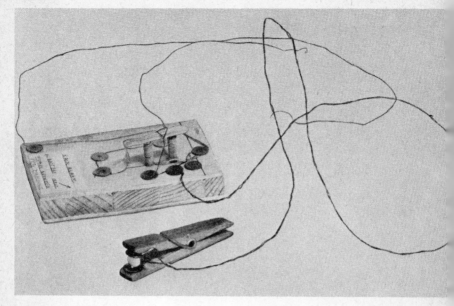

Widerstand A

Nachdem eine Gruppe von Kindern zuvor mit Elektromagneten experimentiert hatte, erhielt sie Konstantandraht, um daraus einen Widerstand herzustellen. Der Draht wurde um eine Papprolle gewickelt. Eine Nadel am Ende eines Drahtes diente als beweglicher Kontakt.

Abb. 61

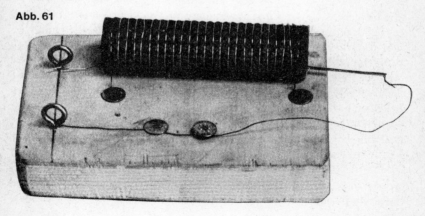